창조적
아이디어가
세상을
바꾼다

창조적 아이디어가
세상을 바꾼다

펴낸날   초판 1쇄 2019년 10월 10일

지은이   이노근
펴낸이   서용순
펴낸곳   이지출판

출판등록   1997년 9월 10일 제300-2005-156호
주 소   03131 서울시 종로구 율곡로6길 36 월드오피스텔 903호
대표전화   02-743-7661 팩스 02-743-7621
이메일   easy7661@naver.com
디자인   박성현
인 쇄   (주)꽃피는청춘

ⓒ 2019 이노근

값 20,000원

ISBN 979-11-5555-119-6 03300

※ 잘못 만들어진 책은 바꿔 드립니다.

이 도서의 국립중앙도서관 출판시도서목록(CIP)은 e-CIP홈페이지(http://www.nl.go.kr/ecip)와 국가자료
공동목록시스템(http://www.nl.go.kr/kolisnet)에서 이용하실 수 있습니다.(CIP제어번호: CIP2019039016)

행정학박사 이노근의 아이디어론

창조적 아이디어가
세상을 바꾼다

이지출판

세상을 바꾸는 것은 창조적 아이디어다!

문명사학자들은 인류 역사를 큰 틀에서 세 단계로 나누고 있다.
① 수렵채취시대 → ② 농경 및 수공업 시대 → ③ 산업혁명시
대가 그것이다. 이 분류 기준은 인류가 무엇을 주요한 먹거리로
삼았느냐로 구분한다.

그러나 최초로 영국에서 일어난 산업혁명 이후에는 기술 혁신
이 깊고 넓게 발전하면서 좀 더 세분화되어 왔다. 산업혁명의 성
장 동력이 무엇이냐에 따른 분류가 이루어진 셈이다. 즉 제1차
산업혁명(증기기관) → 제2차 산업혁명(전기동력) → 제3차 산업혁명
(반도체, 컴퓨터 발전) → 제4차 산업혁명(인공지능, 빅데이터 등)이다.

오늘날은 인공지능, 정보통신, 빅데이터 기술, 사물인터넷 등
이 주도해 나가는 제4차 산업혁명시대이다.

이러한 산업기술 발전의 창조물들은 모두 창조적 아이디어에
서 시작되었다. 예를 들면 창의적인 신기술 발명, 창의적인 신소
재 발명, 창의적인 신산업 등장, 창의적인 신제품 개발 등이다.

그렇다면 여기서 창조적 아이디어란 무엇일까?

창조는 이전에 없던 것을 처음으로 만들어 내거나, 부족했던 것을 더욱 훌륭하게, 보다 더 유익하게 만드는 아이디어의 발현이다. 새로운 성과, 업적, 가치 따위를 이룩해 가는 것이 모두 포함된다.

아이디어는 사람들이 추구하는 목표를 달성하거나 또는 인간의 문제를 해결하는 데 도움을 주는 방법, 기술, 고안 등을 말한다. 따라서 창조적 아이디어는 경제적으로 생산성, 효율성, 효과성, 가성비를 향상시킨다. 사회적으로는 안전성, 편리성, 투명성, 신뢰성을 높여 사회적 부가가치를 향상시켜 준다.

그렇다면 창조 또는 창조적 아이디어는 어떠한 양태로 나타날까?

발명, 발견, 창작, 고안, 융합, 복합, 분리, 분해 기술, 해법, 방법, 묘책, 비책, 책략, 착안, 지혜 등 수두룩하다. 또한 창조적 아이디어가 더욱 진화되고 성숙되어 가면 전후방 파급효과로 나타나면서 주변 산업에 엄청난 부가가치를 탄생시킨다. 바로 창조의 성과물이 탄생하거나 활용되면 인류의 행복을 향상시켜 주게 된다.

몇 가지 예를 들어보자.

영국 의사 에드워드 제너(Edward Jenner, 1749~1823)는 천연두 백신을 발견하였고, 영국 미생물학자 알렉산더 플레밍(Alexander

Fleming, 1881~1955)은 항생제 페니실린을 발견하였다. 호주 알렉산더병원은 세계 최초로 사람의 간이식 수술(1989년)을 성공시켰다. 이런 의학적 성과들은 세상의 질병을 막아내고 고치는 데 크게 공헌하였다.

미국 토머스 에디슨(Thomas Alva Edison, 1847~1931)은 전기를 발명하였다. 이탈리아 안토니오 메우치(Antonio Meucci, 1808~1889)는 전화기를 발명하였고, 미국 엘리샤 오티스(Elisha Grarses Otis, 1811~1861)는 엘리베이터를 발명하였다. 이러한 산업적 발명품들은 인류의 삶의 질을 크게 향상시켰다.

또한 현대 제4차 산업혁명을 이끌고 가는 가장 큰 발명품은 무엇보다 스마트폰과 결합한 융복합 기술이다. 인류 최초의 스마트폰은 1992년 사이먼(Simon)이라고 불린 스마트폰이며, 이어서 일반 대중화에 기여한 사람은 미국 애플사 창업주 스티브 잡스(Steve Jobs, 1955~2011)이다.

스마트폰 기술혁명은 전화, 전자, 통신, 영상, 금융, 무역, 교통, 농장, 공장 등과 융복합하였고, 더 나아가 여기에 로봇, 인공지능 등의 첨단기술과 결합하면서 진화를 거듭하고 있다.

그 결과 창조산업의 영역에서 생산성과 안전성을 크게 높여 주고 있다. 그러나 이러한 산업적 발명품들은 대부분 인간이 착상해 낸 '창조적인 아이디어'로부터 출발하고 발전해 왔음이다.

이러한 창조적 아이디어가 세상을 바꾼 것이다.

그런 의미에서 이 책은 '창조적 아이디어가 세상을 바꾼다'는 연구 주제를 여섯 개 과제(Ⅰ. 산업사회 발전론 Ⅱ. 창조적 파괴론 Ⅲ. 창조적 아이디어론 Ⅳ. 인간의 완찰론 Ⅴ. 정의론 Ⅵ. 지도자론) 24개 항목으로 나누어 학술적 이론과 사회 경험론을 혼용하여 정리하였다.

물론 이러한 과제들을 연구하는 데는 다소 어렵게 느껴질 수도 있다. 그렇지만 세상을 변화시키고 좀 더 나은 미래로 바꿔 나가는 데는 반드시 창조적 아이디어가 요구된다. 창조적 아이디어가 중요한 이유는 인류의 먹고 사는 문제를 해결해 줄 수 있는 다양한 종류의 성장동력을 만드는 데 있어 새로운 기폭제로 작용하기 때문이다.

끝으로, 이 책이 나오기까지 도움을 주신 김경한 행정학박사, 서강석 행정학박사, 장준경 과장에게 고마운 마음을 전한다. 그리고 독자 여러분의 많은 관심과 질책을 기대한다.

2019년 10월

행정학박사 이 노 근

||||| 차례 |||||

I. 산업사회 발전론

01

산업혁명의 시대별 성장동력은?

 돌이켜보면 인류의 역사는 크게 세 단계로 발전되어 왔다. 즉 수렵채취시대 → 농업 및 수공업 시대 → 산업혁명시대가 그것이다. 하지만 산업혁명시대의 발전 양태는 속도가 매우 빠르고 폭이 넓고 깊게 발전하면서 더욱 세분화되었다. 이것이 바로 오늘날 제1~4차 산업혁명(도표 1)이다.

 이러한 분류는 시대별 인류가 과연 무엇을 핵심적인 먹거리로 삼느냐에 따른 기준이다. 이러한 인류의 먹거리 발명은 주로 기술 혁신에서 왔는데, 이것을 성장동력(growth engine)이라고 한다.

 그렇다면 시대별 성장동력(도표 2)이란 무엇일까? 대체로 인류의 세상을 바꾼 기폭제는 기술 발명에서 시작되었다.

 첫째, 제1차 산업혁명의 기폭제는 증기기관의 산업혁명이다.

인류 역사의 시대별 성장동력(도표 1)

		산업혁명시대			
수렵 채취 시대 →	농업 및 수공업 시대 →	1차 증기동력	2차 전기동력	3차 반도체 컴퓨터	4차 ICT, 인공지능 자율자동차 빅데이터 등

인류 최초의 산업혁명은 영국 제임스 와트(James Watt, 1736~1819)가 증기기관을 발명하면서부터다. 이 증기기관의 동력원리는 여러 산업 분야로 퍼져 나갔다. 즉 증기기관차, 증기기선, 증기방적기, 증기자동차 등이다.

이러한 증기기관 동력은 산업의 효율성, 생산성을 크게 향상시켰고, 과거에는 전혀 경험해 보지 못했던 기계나 제품들이 쏟아져 나왔다. 그렇지만 산업계의 기계화가 심화되자 사회적 부작용이 적지 않게 나타났다. 전통적인 농경 산업이나 수공예 산업이 사양화되어 갔고, 그 분야의 노동자들은 대량 실직을 당하는 사태가 일어났다.

둘째, 제2차 산업혁명의 기폭제는 전기·전자산업혁명이다.

이 시대의 성장동력은 전기·전자의 등장이다. 미국 토머스 에디슨(Thomas Alva Edison, 1847~1931)은 직류를 발명하고, 이어 미국

니콜라 테슬라(Nikola Tesla, 1856~1943)가 교류를 발명하면서 전기 · 전자산업이 급격하게 성장하였다.

따라서 종전의 증기동력에 기반한 증기방적기, 증기자동차 등 기계산업은 급격히 경쟁력이 약해졌고, 전기동력에 기반한 새로운 산업들이 등장하여 크게 성장해 갔다.

수력발전소나 화력발전소가 속속 지어졌고 이에 따라 전기에너지 동력에 기초한 공장의 기계설비가 확충되어 갔다. 이로 인해 제철업, 자동차나 조선업, 비료, 화학 등 중화학공업이 급속도로 성장을 했다.

특히 전기 · 전자산업은 경제적 확장성이 커지며 하드웨어 산업에 대한 전후방 파급효과가 크게 일어났다. 예를 들어 도로, 철도, 해운, 항만, 항공산업 등 물류산업이 크게 성장하였다. 또한 전기 · 전자의 등장은 가전산업을 크게 융성시켜 갔다. 라디오, 오디오, 녹음기, TV, 전화, 냉장고, 에어컨 등의 등장이다. 이것이 제2차 산업혁명이다.

이 또한 부작용으로 산업 자본가와 노동자 간의 빈부격차, 노동자의 근로환경 악화, 주거환경과 보건의료환경 악화, 환경오염, 노동자들의 집단적인 태업과 파업 등 사회적 혼란이 증폭되어 갔다.

그러면서 칼 마르크스(Karl Heinrich Marx, 1818~1883), 엥겔스(Friedrich Engels, 1820~1895) 등을 중심으로 사회주의 또는 공산주

제1차~4차 산업혁명의 시대별 성장동력(도표 2)

구분		1차 산업혁명	2차 산업혁명	3차 산업혁명	4차 산업혁명
시대별		17세기 중반 18세기 중반	18세기 중반 19세기 중반	19세기 중반 20세기 후반	21세기 이후
		기계산업사회 (1차 산업혁명)	전기산업사회 (2차 산업혁명)	지식정보사회 (3차 산업혁명)	창조산업사회 (4차 산업혁명)
성장 동력 (기폭제)	혁신 기술	증기동력	전기동력	반도체 컴퓨터	ICT, 사물인터넷 AI(인공지능), 빅데이터, 나노기술, 바이오산업
	핵심 발명품 (예시)	증기기관차 증기자동차 증기방적기 증기기선 등	중공업 경공업 화학공업 도로건설 등	디지털산업 컴퓨터 대중화 공장 자동화 자동차 대중화 등	스마트폰, 3D프린터 인공지능로봇, 자율주행차 인공지능수술, 드론사업, 핀데크금융, 신소재 신약개발 등

의 사상이 등장하고 확산되어 갔다. 이로 인해 러시아, 동유럽 국가 등을 중심으로 공산당, 사회당, 노동당이 집권하며 공장 기계설비나 그 관리시스템이 공유화 또는 국유화되어 갔다.

셋째, 제3차 산업혁명의 기폭제는 반도체와 컴퓨터 산업혁명이다.

이 시대의 성장동력은 반도체와 컴퓨터의 발명이었다. 세계 최초의 컴퓨터는 1946년 펜실베니아대학에서 만든 전자식 컴퓨터 에니악(Eniac)이다. 이러한 컴퓨터 기술이 급속히 발전하면서 산업별·용도별 맞춤형으로 진화되어 갔다.

특히 컴퓨터가 소형화·최적화·다양화·표준화되었다. 이러한 컴퓨터의 원리는 군사용·행정용·업무용·의료용 등 전 산업 분야로 확장되었으며, 오늘날은 태블릿 PC 또는 스마트폰으로 진화되었다.

이러한 컴퓨터 산업의 발전은 기존의 각종 하드웨어적 산업과 융합 또는 복합을 하면서 산업의 생산성이 크게 올라갔다.

각 산업 분야에서 컴퓨터 프로그램을 활용하여 기계의 설계, 재고나 판매, 관리, 회계나 인사관리 등에 응용하면서 행정전산화, 사무자동화, 정보통신망 확충 등 공공부문도 크게 발전을 하였다.

그러나 제3차 산업혁명 역시 크고 작은 부작용이 나타났다. 양적 성장에는 크게 기여하였지만 질적 발전에는 많은 문제가 드러났다. 예를 들면 노사갈등, 빈부격차, 일자리 감소, 환경오염, 치안불안, 불공정 경쟁 등이다.

넷째, 제4차 산업혁명의 기폭제는 기술 등 혁신에 기초하고 있다.

전기·전자나 반도체, 컴퓨터 중심의 산업구조(제3차 산업혁명)로도 인간의 욕구를 충족해 가는 데는 역시 한계가 나타났다. 인간 사회의 본능적 이성과 욕심은 멈출 수가 없고 늘어가기만 하기 때문이다.

반면에 3D업종(Difficult, Dirty, Dangerous)을 기피하는 경향이 뚜렷해졌으며, 이에 따라 시민단체나 노동계 등은 노동3권을 요구하고 좋은 일자리와 삶의 질 향상을 주장하고 나섰다. 즉 근로시간을 줄이고 근로환경도 좋아야 하며 그에 합당한 처우개선 등 후생복지를 요구하고 나섰다.

이것이 워라벨(WLB) 운동이다. 소위 일(work)과 삶(life)의 균형(balance)이다. 이에 따라 첨단기술이 속속 발명되고 확산되어 가고 있다. 정보기술(IT), 바이오기술(BT), 사물인터넷(IoT), 빅데이터(Big data), 나노기술(NT), 인공지능(AI), 가상현실(VR), 게놈프로젝트(Genome Project), 방사광 가속기 기술 등이 그것들이다. 이러한 첨단기술이 제4차 산업혁명의 성장동력이다.

첨단기술은 가전, 주택, 섬유, 통신, 금융, 보건, 의료, 물류, 철도, 도로, 농업, 우주, 항공, 자동차, 유통, 건설 등 모든 산업과 융복합되어 신산업과 신제품 또는 새로운 종류의 서비스 업종들이 속속 등장하며 종전의 산업제품이나 서비스의 양태는 점점 진화를 거듭하고 있다.

한마디로 시장 경쟁력이 강한 업종은 급격히 성장하지만 약한 업종은 설자리를 잃어 가고 있다. 바로 시장의 판도가 빠른 속도로 변화하고 있다.

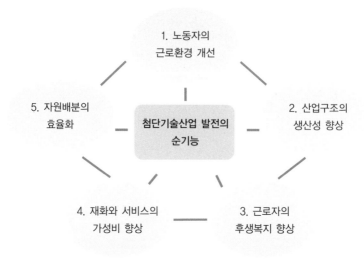

첨단기술산업 발전의 순기능(도표 3)

1. 노동자의
근로환경 개선

5. 자원배분의
효율화

첨단기술산업 발전의
순기능

2. 산업구조의
생산성 향상

4. 재화와 서비스의
가성비 향상

3. 근로자의
후생복지 향상

그렇다면 제4차 산업혁명시대의 주력 산업은 무엇일까?

인공로봇, 3D프린터, 알파고, 드론, 로봇수술, 스마트 공장, 스마트 도시, 스마트 하우스, 자율주행자동차, 핀테크, 바이오 화장품, 가상현실게임, 신소재 인공센서 등 다양하다. 그러나 제4차 산업혁명이 순기능만 있는 것은 아니다.

먼저 첨단기술산업 발전의 순기능(도표 3) 측면을 알아보자.

① 제4차 산업혁명은 근로자의 노동량과 노동시간, 노동강도 등 노동환경을 현저하게 개선시킬 수 있고 이에 따라 삶의 질을 향상시킬 수 있다. 기업인들도 인공지능, 로봇 등을 도입하여

노동자들의 파업 등의 문제로부터 그 부담을 덜 수 있다.
(노동자의 근로환경 개선)

② 인류의 생존 활동에 필요한 새로운 산업이 생겨나고 새로운
재화나 서비스가 탄생하고 있다. 특히 산업의 인공지능화,
산업구조의 표준화, 자동화, 생산성 향상에 기여하게 되었
다.(산업구조의 생산성 향상)

③ 산업안전시스템이나 보건의료시스템, 교육환경시스템, 노
동자의 산재보험, 건강보험, 고용보험, 연금보험 등 각종 삶
의 향상을 위한 후생복지시스템이 제도화되고 있다.(근로자의
후생복지 향상)

④ 인류의 의식주 문제를 만족시키는 데 필요한 각종 재화와 서
비스가 종전보다 월등하게 좋아지고 생산과 공급이 원활해
져 삶의 질을 높일 수 있게 되었다.(재화와 서비스의 가성비 향상)

⑤ 국제 간이나 지역 간의 인적 · 물적 이동은 물론 정보 유통
을 촉진시키고 자원을 효율적으로 배분하는 데 기여했다.
(자원배분의 효율화)

그렇다면 상대적으로 부정적인 역기능(도표 4) 측면은 무엇이 있
을까?

① 제4차 산업기술혁명의 기술 발전 속도가 너무 빠르다. 이로
인해 종전에 노동이나 기계 등 하드웨어 산업들이 사양화되

첨단기술산업 발전의 역기능(도표 4)

고 실직자가 크게 늘고 있다.(근로자의 대량 실직)

② 제4차 산업혁명으로 인한 경영소득은 대체로 노동자보다는 경영자나 자본가의 소득으로 더 많이 귀속되고 있는 것이 현실이다.(창출 소득의 불공정 배분)

③ 제4차 산업혁명으로 기술지상주의에 빠지며 오히려 기계가 인간을 지배하는 세상으로 되어 가고 있다. 특히 인공지능산업이 더욱 발달하면 노동자가 기계에게 일자리를 빼앗기게 된다. 이것이 소위 일자리 약탈효과(Pillage effect)이다.(기술지상주의의 함정)

④ 첨단기술은 자칫 남용되거나 오용되기 쉽다. 첨단기술의 제조나 이용 과정에서 전쟁의 도구나 흉기로도 악용될 수 있다. 예를 들면 핵무기나 줄기세포 또는 인공지능 로봇 등이 남용되는 경우 반인륜적 사태가 초래될 수 있고 상업적 이득을 챙기는 데 악용될 수도 있다.(첨단기술의 남용)

⑤ 또한 기업들간에 아무런 조정도 없이 기술 경쟁을 위해 과잉투자할 경우 자칫 기업들의 동반자살 효과로 나타날 수 있다. 특정 기술이 유망하다고 하면 교통정리가 되지 않은 상태에서 무작정 기업들이 뛰어든다. 결국 과잉경쟁이 가속되면 동반자살의 결과를 초래하게 된다.(첨단기술의 동반자살 효과)

이것이 소위 레밍 효과(The Lemming effect)이다.

이를테면 들판의 생쥐들은 무리를 지어 무작정 선두의 쥐를 쫓아다닌다. 이때 선두의 쥐가 길을 헤매다 강 아래 절벽으로 떨어지면 이러한 위험 상황을 모르는 후미의 쥐떼들은 그냥 강물에 떨어져 죽고 만다. 이것이 바로 동반자살의 불행이다.

모든 기업이 첨단기술에 투자하여 돈을 벌 수 있다고 착각하면 자칫 공급과잉으로 함께 망하고 만다. 첨단기술의 중복 투자로 인한 위험요소이다.

이와 같이 첨단기술의 혁신은 긍정적인 면과 부정적인 측면이 공존하고 있다. 하지만 인류의 산업혁명사를 돌아보면 기술 혁신으로 인한 부정적인 면은 크게 줄어들고 긍정적인 면은 더욱 늘리어 나갔다.

　산업혁명 과정에서 기술 혁신의 승자와 패자 사이에는 언제나 갈등이 있어 왔다. 이처럼 기술 혁신 과정에는 승자의 기쁨도 있지만 패자의 슬픔도 있을 수 있다. 그렇다면 승자와 패자의 관계를 어떻게 봐야 할까?

　결론부터 말하면, '기술 혁신의 승자는 혁신 이익을 독점해서는 안 된다'는 것이다. 그 이유는 무엇일까?

　첫째, 기술 혁신은 어느 한 기업의 독자적 노력만으로 성취되는 것이 아니다. 기술 혁신에 성공하는 것은 복합적인 행운의 기회를 만날 수 있었기 때문이다.

　① 혁신의 승자는 이미 공공분야에서 사회간접자본의 수혜를 많이 누린 덕분이다.

　② 기술 혁신을 위한 R&D 투자사업이나 그 생산과정에서 일정한 세금 감면이나 규제 완화의 혜택을 받는다.

　③ 기술 혁신의 성공은 시간(time)과 장소(palce)가 운좋게 맞아 떨어지는 경우가 많다.

　둘째, 기술 혁신의 이익은 상당부문 그와 동종 또는 유사 업종이 누려 오던 다른 경제 주체들의 기득권적 이익을 사실상 강제로 빼앗는 결과를 초래했다. 이것이 약탈효과이다.

셋째, 생산 과정에서 낡은 산업을 정리하기 위하여 수차례 구조조정을 해 왔는데, 이 경우도 혁신 기술의 이득을 크게 누리는 집단은 희생당하는 기존 산업의 구성원에 대하여 합당한 보상을 해 왔다.

① 전기, 가스 등 에너지산업이 일반화되자 석탄산업이 사양화되었다. 이때도 강원도 정선에 카지노 업장을 개설하여 지역경제에 도움이 되도록 했다.

② 부산항 5부두가 컨테이너 전용 항만으로 개항되면서 재래식 하역 노동자들이 실직 등 고통을 겪었다. 이때도 하역 노동자들에 대한 일정한 보상과 함께 다른 일자리를 마련해 주었다. 일종의 생존권적 권리보장이다.

③ 또한 기술 혁신의 선순환을 위해서도 혁신의 이익을 독과점해서는 아니 된다. 독과점은 자유시장경제를 좀먹는 불공정 행위가 되기 때문이다.

이상의 종합적인 상황을 고려할 때 혁신의 승자는 반드시 낙오자들에게 이익의 일부를 되돌려주어야 한다. 이것이 사회적 정의 관념에도 합당한 것이며 장기적으로 지속가능한 성장전략에 부합한다.

제4차 산업사회의 중심 코드는?

제4차 산업사회의 중심 코드는 창조산업(creative industries)이다.

창조산업은 새로운 제품, 새로운 비즈니스, 새로운 콘텐츠를 만들기 위해 산업 간 · 기술 간 · 산업과 기술 간 융합을 통해 산업의 생산성을 높이는 경제 시스템을 말한다.[1]

따라서 '융합경제'라고도 한다. 여기에는 개인의 창의성과 아이디어가 핵심이 되며 그로부터 혁신적 신기술을 개발하여 창조산업을 구현하게 된다. 역대 산업혁명의 원천은 창의적인 기술의 발명에서 출발하였다.

제1차 산업혁명의 증기동력기술, 제2차 산업혁명의 전기동력기술, 제3차 산업혁명의 반도체와 컴퓨터기술, 그리고 제4차

---

[1] 창조산업 : 지식백과, naver 검색

산업혁명은 정보통신기술(ICT)와 산업인공지능(AI), 사물인터넷 (IoT), 빅테이터(Big Data) 등 첨단기술이 각각 기폭제가 되었다.

창조경제는 2000년대 들어 세계 각국이 그 중요성을 인식하였 지만, 사실은 넓은 의미에서 산업사회(제1~4차)는 모두 창조산업 시대라 할 수 있다. 왜냐하면 제1~4차 산업혁명 모두 기술과 산 업, 기술과 기술, 산업과 산업 등이 상호 융복합하며 창조적 부가 가치가 크게 확장되었기 때문이다. 따라서 창조산업의 성장동력 은 융합경제의 효과에 기반하고 있다.

여기서 융복합의 예를 들면,

① 새로운 기술이 발명되면 전통적인 산업과 융복합을 통해 생 산성을 올린다.

② 기존 산업과 기술이 서로 융복합하여 새로운 종류의 산업이 탄생하고 일자리가 생기게 된다.

③ 증기기관의 발명으로 증기방적기, 증기자동차, 증기기관차 가 나왔다. 하지만 전통적인 인력에 의한 방적기, 우마차 등 은 퇴보했다.

④ 전기동력기술의 발명으로 전기 관련 산업들이 크게 발전하 였다. 공장의 컨베이어 벨트, 전화, 전구와 전열기 등이 등 장했고, 수력이나 화력 발전소가 생겨났다.

⑤ 반도체의 발명으로 TV, 라디오, 오디오, 냉장고 등 가전산 업이 크게 성장하였다.

⑥ 정보통신기술의 발전으로 스마트폰, TV, 방송 등 방송통신 산업이 비약적으로 성장했고 인공지능기술의 개발로 지능형 로봇산업, 자율주행 차동차 등 새로운 산업이 생겨났다.

이 모든 것은 사실 시대별 창조산업 발전의 융복합의 효과에 기반하고 있다. 놀랄 만한 사실은 창조산업의 발전이 생산 요소의 중심 요소까지 바꿔 놓았다. 이것이 시장의 판도 변화이다. 즉 이전에는 토지, 노동, 자본이 생산 요소의 중심이었으나 이후에는 기술, 정보, 지식 중심으로 바뀌었다.

그럼 한국 경제에서 창조산업의 흐름은 어떻게 바뀌었는가?

이것은 창조산업 사회의 핵심 동력이 무엇이었느냐에 따른 분류이다.

① 1970년대~2000년대 : 반도체, TV, 오디오, 냉장고 등 가전 산업

② 2000년대 이후 현재까지 : 컴퓨터, 방송통신산업(ICT)

③ 향후 산업 : IT, RT, NT, AI 등 첨단기술과 종래 산업과의 융복합

즉 제4차 산업혁명시대의 유망한 창조산업(도표 5)은 대체로 ① 정보통신기술 분야 ② 문화기술 분야 ③ 환경기술 분야 ④ 건강의료기술 분야로 나눌 수 있다.[2]

미래 유망한 창조산업의 영역(도표 5)

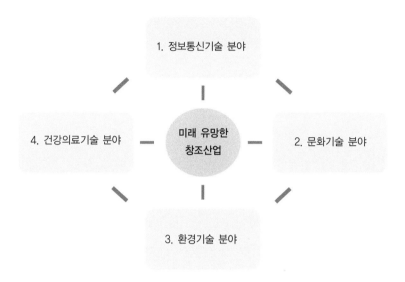

첫째, 오늘날 정보통신기술(ICT)은 제4차 산업혁명의 기폭제이다. 정보통신산업은 여타의 모든 산업 분야로 전파되고 융복합되어 가고 있기 때문이다. 산업친화적 특성이 있다.

정보기술(IT)과 통신기술(CT)이 융복합하여 정보통신기술(ICT)이 탄생한 첨단기술의 발전은 종전 하드웨어 중심의 중공업산업

---

2) 차세대 유망산업 : 경기도 차세대 융합기술원 발표자료 참고, naver 검색
서울종합예술실용학교 보도자료, naver 검색
차세대융합콘텐츠산업협회 공개자료 등 다수, naver 검색

등과 융합하면서 경쟁력을 높였고 양질의 일자리도 만들어 냈다.

그렇다면 정보통신기술 분야의 유망 아이템은 무엇일까?[3]

사실 정보통신기술이 발전하면서 종전의 산업사회(제1~3차)에서 성장을 주도했던 중공업, 중화학, 화력 및 수력발전산업, 토목건축산업 등은 대체로 성장세가 꺾였다.

정보통신산업 관련 6대 아이템(도표 6)은 다음과 같다.

정보통신산업의 특징은 무한한 확장성과 융합에 있다. 정보통신기술이 선박이나 자동차 등 하드웨어 산업 등과 융합하면서 경쟁력이 크게 높아지고 있다. 예를 들어 보면,

① 정보통신기술이 기업 경영 관리와 융복합하면 기업 회계관리, 인사관리, 고객관리, 재고관리, 마케팅관리 등 여러 분야에서 경쟁력이 높아진다.

② 또한 콘텐츠산업, 정보유통산업, 방송통신산업, 전자상거래산업, 교통물류산업 등과 융복합하면 경쟁력이 올라가 양질의 일자리를 만들 수 있다.

③ 정보통신기술과 인공지능기술이 융합하면 생산성을 크게 올리고 양질의 일자리를 만들어 낼 수 있다. 이를테면 인공

---

3) 차세대 유망 정보통신산업 : 차세대 정보통신세계(김흥남 지음 2004년 전자신문 발행) 참고
차세대 유망직업 : 4차 산업혁명의 핵심 직종 드론운용(서울종합예술실용학교, 2019년 3월 14일)
차세대 유망산업 사물간 인터넷(뉴데일리 경제, 2013년 11월 12일 보도자료)

정보통신산업 6대 아이템(도표 6)

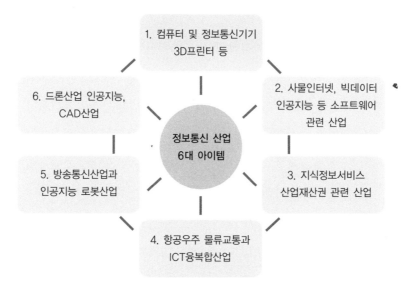

지능기술을 로봇이나 드론 또는 자동차 등에 장착하면 노동
을 대신할 수 있는 더 좋은 일자리를 창출할 수 있다.

④ 또한 인공지능이 자동차와 융합하면 인공지능 자율주행차
를 만들 수 있고, 드론과 융복합하면 재난구조, 물류수송,
사진촬영, 범죄수사나 소방 업무에 활용할 수 있다. 특히 정
보통신기술은 최근에 발전하고 있는 사물인터넷(IoT), 빅데
이터, 3D프린터 등과 융복합하여 제4차 산업혁명을 주도하
고 있다.

둘째, 오늘날 문화예술 관련 콘텐츠 산업은 창조산업 중 가장 성장세가 괄목할 만하다.

제4차 산업사회의 핵심적인 생산자원인 통찰, 상상, 지식, 정보, 발명, 아이디어, 창작, 기술, 창의, 영감 등은 모두 무형의 창조 자산이다. 바로 이러한 창조 자원들이 문화예술과 융복합을 하면 놀랄 만한 고부가가치를 탄생시킨다. 오늘날 영상산업의 경쟁력이 크게 높아지고 세계 각국으로 한류문화가 확산한 것도 따지고 보면 정보통신기술의 덕분이다.

문화예술창조산업(도표 7)은 대체로 여섯 가지가 핵심적이다.

문화예술창조산업 6대 분야(도표 7)

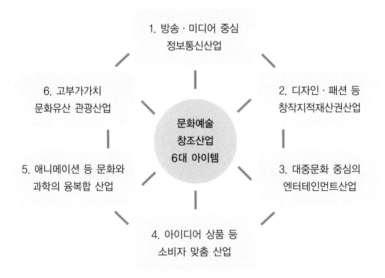

대규모의 중후장대형 산업은 막대한 비용과 환경문제가 따르게 된다. 그렇지만 문화예술창조산업들은 그런 환경 훼손도 별로 없으면서 고부가가치를 얻을 수 있다.

오늘날 드라마, 영화, 애니메이션, K-POP, 디자인, 패션, 한식, 관광산업, 유튜브 등 1인 미디어 등은 괄목할 만한 성장을 보이고 있다. 특히 문화예술산업은 창의적이고 혁신적인 아이디어 산업들이다.

창작물은 비교적 원가는 적지만 그 수지는 놀랄 만하다. 잘 만든 애니메이션 영화 한 편으로 벌어들인 수입이 웬만한 자동차 제조회사가 벌어들이는 수입에 버금간다.

셋째, 친환경기술산업이 인류의 지속가능한 성장산업으로 각광을 받고 있다.

친환경 창조산업이 중요한 것은 과거 중화학공업, 도로, 건물, 철도, 발전소 등 하드웨어가 주축이 된 산업사회에서 발생한 환경 파괴나 오염 등을 크게 줄이기 위해 등장하기 시작했다. 그러나 환경의 보호, 회복, 예방을 위한 새로운 산업이 발전하였다.

오늘날은 정보통신기술이 창조산업을 주도하고 있지만 미래에는 친환경산업이 일정 부분 그 역할을 대체하게 될 것이다.

화력, 석유, 자동차 등 환경오염을 많이 배출하는 경유차 생산, 화력발전소, 중화학 공장 등 하드웨어 산업은 결국 사양화될 수밖에 없다. 따라서 환경 피해를 유발하는 산업을 줄이고 그 공간에 통신, 금융, 서비스, 유통 등 친환경 소프트형 산업으로 대치시켜야 한다. 특히 쌀, 콩, 옥수수, 과일, 야채 등 인류의 먹거리에는 친환경 재배기술산업이 세계 각국에서 크게 환영을 받고 성장세가 뚜렷해지고 있다.

대체로 친환경 첨단기술산업은 여섯 가지 아이템(도표 8)으로 나뉜다.

① 생체모방기술의 연구와 응용산업 분야

② 친환경 농수산물 등 먹거리 산업 분야

③ 태양광, 해수담수화 기술 등 신자원산업 분야

④ 친환경 신소재 , 신물질 등 기술혁신 분야

⑤ 건강, 의약, 식품, 화장품 등 자연친화적 바이오생명과학산 업 분야

⑥ 전기차, 수소차 등 친환경 에너지산업 분야 등이다.

현재 에너지 생산 비율은 석유, 석탄 등 화석연료가 중심인데, 미세먼지의 가장 큰 원인이다. 따라서 최근에는 미세먼지 제거산업이 크게 관심을 받고 있다.

태양광, 풍력, 바이오매스(biomass) 등 신재생에너지산업과 미세먼지를 제거하는 설비, 기계 등이 주목받고 있다. 또한 전기차, 수소차는 환경오염을 크게 줄일 수 있어 세계 각국은 친환경 기술 투자에 열을 올리고 있다. 그리고 화석연료의 비중을 줄이면

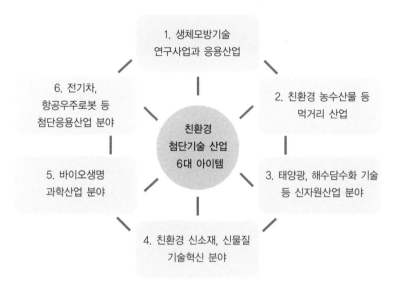

친환경 첨단기술산업 6대 아이템(도표 8)

1. 생체모방기술
연구사업과 응용산업

6. 전기차,
항공우주로봇 등
첨단응용산업 분야

친환경
첨단기술 산업
6대 아이템

2. 친환경 농수산물 등
먹거리 산업

5. 바이오생명
과학산업 분야

3. 태양광, 해수담수화 기술
등 신자원산업 분야

4. 친환경 신소재, 신물질
기술혁신 분야

서 태양광 발전과 풍력 발전, 소수력 발전, 바이오매스 같은 친환
경 에너지 비율을 크게 높여 가고 있다.

넷째, 건강의료산업은 보건, 의약, 건강 등 생명과 관련된 산업
으로 인류의 삶의 질 향상과 관련된 유망산업이다.

인류 사회의 욕망은 누구든지 장수하고 보다 나은 삶의 질을 누
리고 싶어 한다. 따라서 의약, 의료, 건강식품, 스포츠 등이 여기에
해당한다.

건강의료기술산업 6대 아이템(도표 9)의 특징을 알아보자.

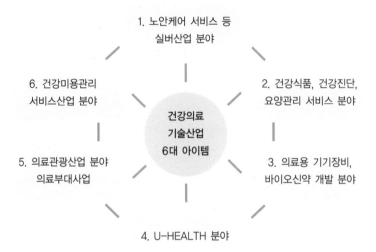

건강의료기술산업 6대 아이템(도표 9)

1. 노안케어 서비스 등
   실버산업 분야

6. 건강미용관리
   서비스산업 분야

건강의료
기술산업
6대 아이템

2. 건강식품, 건강진단,
   요양관리 서비스 분야

5. 의료관광산업 분야
   의료부대사업

3. 의료용 기기장비,
   바이오신약 개발 분야

4. U-HEALTH 분야

① 바이오 기술(Biotechnology)은 화장품과 건강식품 바이오 신
   약 개발에 크게 응용되고 있다.

   바이오 기술을 이용하여 동식물, 미생물들이 생존을 위해
   자연적으로 만들어 낸 각종 성분을 이용하여 의약품과 화장
   품 또는 건강식품을 만들고 있다.

② 주목받고 있는 바이오 기술에는 유전자제조기술, 세포융합
   기술, 대량배양기술, 바이오리액터기술 등이 있다. 이 중 유
   전자조합기술로 당뇨병 치료제인 인슐인 제제, 암치료제 인
   터페론을 만들어 내고 있다.

③ 인간의 건강관리나 의료서비스 등은 국민건강보험, 기초연금 등 국가와 국민의 공적인 사회안전망을 구축하는 일과 맞물려 있다.

④ 건강의료산업에 정보통신기술이 인공지능기술 등과 융복합하게 되면 시간적·공간적 한계를 상당 부분 극복할 수 있다.

이러한 건강의료산업 아이템들이 정보통신기술, 나노분석기술, 바이오생명기술, 신소재개발기술 등과 융복합하여 성공하면 인류의 후생을 크게 증진시킬 수 있다.

창조산업사회의 4대 인프라는?

국가산업이 발전하고 국민경제가 성장하려면 무엇보다 유통 인프라망을 잘 갖추고 있어야 한다.

국가의 유통 인프라망은 철도, 도로, 항만, 공항, 터미널 등 하드웨어 인프라와 전화, 인터넷, 방송, 정보통신망인 소프트웨어 등 매우 다양하다.

창조산업사회도 일종의 유기체이다. 따라서 창조산업사회가 원활하게 잘 돌아가려면 그에 적합한 인프라망이 잘 구축되어야 한다.

사람의 혈관이 막히면 자칫 생명이 위험해진다. 국가 인프라도 제대로 갖춰지지 않으면 경제활동의 효율성이 떨어져 경쟁력이 약해진다. 예를 들어보자.

최근 크게 각광받고 있는 전기자동차산업을 육성하려면 어떻게 해야 할까? 무엇보다 전기자동차와 관련된 인프라가 구축되어야 한다.

① 전기자동차 인재 양성 시스템

② 전기자동차 제조 설비와 충전 설비

③ 전기자동차 관련 지원법령 구축

④ 전기자동차 생산과 수요 촉진 인프라 등이다.

그렇다면 창조경제생태계의 핵심 인프라(도표 10)는 무엇일까?

① 창조생태계의 제도적 인프라 구축

② 창조생태계의 공급 인프라 구축

③ 창조생태계의 창의적 인재 인프라 구축

④ 창조생태계의 수요 인프라 구축 등이다.

이러한 창조산업사회가 구비해야 할 인프라는 대체로 네 가지로 요약할 수 있다.

첫째, 창조생태계가 원활히 작동하는 데 적합한 제도적 시스템 및 인프라 구축이다. 즉 ① 법령과 정책 ② 제도와 정책 ③ 인력과 R&D ④ 재정지원 세제 인센티브 ⑤ 정책금융제도 강화 ⑥ 창조경제 펀드제도화 등이다.

관련 법령은 규제를 하기보다는 지원방식으로 바꾸고, 제도와 정책은 혁신 시스템을 갖춰 추진해야 한다.

창조경제생태계의 4대 인프라(도표 10)

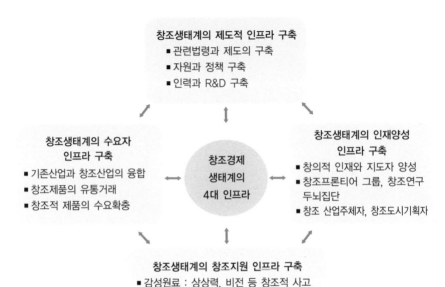

창조생태계의 제도적 인프라 구축

- 관련법령과 제도의 구축
- 자원과 정책 구축
- 인력과 R&D 구축

창조생태계의 수요자
인프라 구축

- 기존산업과 창조산업의 융합
- 창조제품의 유통거래
- 창조적 제품의 수요확충

창조경제
생태계의
4대 인프라

창조생태계의 인재양성
인프라 구축

- 창의적 인재와 지도자 양성
- 창조프론티어 그룹, 창조연구
  두뇌집단
- 창조 산업주체자, 창조도시기획자

창조생태계의 창조지원 인프라 구축

- 감성원료 : 상상력, 비전 등 창조적 사고
- 이성원료 : 원리, 법칙, 논리, 표준 등
- 지성원료 : 범성, 공정성, 신뢰성 등

　　인력과 R&D는 전문가를 양성하고 연구와 투자를 늘려가야 한다. 유망기술의 연구개발을 위해 분야별 기술 진흥을 위한 세제감면이나 공제제도 등을 활성화해야 한다. 금융지원 정책도 물적인 담보보다는 기술 담보 또는 신용 대출방식으로 과감히 바꾸어야 한다.

　　이러한 제도적 인프라가 잘 구축되지 않으면 그 성과를 기대하기가 어렵다. 도로, 철도망, 통신망, 유통망 등이 잘 갖춰지지 못하면 성장률을 올리는 데 큰 장애 요인이 되는 것과 같다.

　둘째, 창조생태계의 창조적 인재양성 인프라 구축이다.

　미래산업사회에서는 무엇보다 창조성, 적극성, 혁신성, 도전정신 등이 요구된다. 조직의 지도자가 어떤 목표 달성이나 문제를 해결하려고 할 때 그 의식이나 행태가 소극적이고 관례에 따라 무사안일한 자세로는 소기의 성과를 거두기 어렵다.

　그렇다면 과연 창조적 인재 인프라란 무엇일까?

　창의적인 인재를 발굴하고 양성하는 일은 창조생태계의 기본이다. 창조생태계에서는 최고관리자층 뿐만 아니라 사회나 조직 구성원들도 창의적인 인재로 채워져야 한다. 즉 창조적이고 혁신적 운동의 주도 그룹, 창조적인 아이디어 두뇌집단, 창조적 아이디어 산업그룹, 창조적 아이디어 실현그룹이다.4)

　창조그룹들이 성과를 내려면 어떠해야 할까? 창조그룹 간의 공조체계가 잘 구축되는 일이 중요하다. 상호간 공조체가 이루어지지 못하면 창조그룹 간의 시너지 효과를 기대할 수 없다.

　이것이 소통의 힘(Communication Power)으로 창조그룹 간에 원활한 소통이 이루어지지 않으면 목표달성이나 문제해결에 큰 지장

---

4) 창조적 아이디어 그룹 : 산업혁명 4.0 흐름에 유효한 창조적 아이디어(blog 푸른매화, 2017년 10월 4일), naver 검색
　 2019 핀테크 아이디어 공모전(코리아 핀테크 위크 2019년 10월 7일), naver 검색

을 초래한다. 창조그룹들은 각자의 지원, 원료, 설비이고 기술들
이다. 이런 것이 융복합되었을 때 시너지 효과는 극대화되어 나
타나는 것이다.

셋째, 창조경제 생태계에 적합한 원료 등 창조지원 인프라가
잘 구축되어야 한다. 전통적인 생산 시스템에서의 자원 지원은
자본, 토지, 노동자, 원자재 등 인적·물적 요소를 꼽았다. 그러
나 창조경제사회에서의 생산자원(원료)이란 하드웨어 인프라뿐만
아니라 소프트웨어 인프라까지 빠른 속도로 변화하고 확장되어
가고 있다.

여기서 창의적 인재 양성을 위한 인프라가 무엇인지 알아보자.

창의적 인재란 조직구성원의 인성이 무사안일형, 관례답습형,
책임전가형에서 탈피하고 적극성, 창의성, 추진력(도전정신), 소통
력으로 무장해야 한다.

상상력, 호기심, 탐구성, 감수성, 초합리성, 감수성 등 감성자
원에서 창의성이 발현되어야 하며 원리와 논리, 법칙, 공법, 표
준, 방식, 합리성 등 이성자원에서도 창의성이 구현되어야 한다.
그러나 규범성, 공정성, 신뢰성, 투명성, 윤리성, 안전성 등 지성
원료의 발현으로 사회적 규범성을 잃어버려서는 아니 된다.

창조적 성과를 지양하기 위해서는 자원(원료)들을 잘 섞고 버무
려서 부가가치가 높은 무엇인가를 만들어 내야 한다.

인류 최초로 비행기를 만든 라이트 형제의 예를 들어보자.

라이트 형제가 비행기를 만들기 시작하여 비행에 성공(1903년) 하였는데, 그들의 최초 동기는 아마도 호기심과 상상력이었을 것이다.

"날아가는 새를 보고 우리도 새처럼 날 수 없을까?"

따라서 비행기를 만드는 과정에서 '하늘을 날고 싶다'는 감성 원료가 떠올랐을 것이고 이어 비행물체에 대한 발명을 착안하였을 것이다. 그리고 항공기술, 공법, 소재 등에 대한 과학기술의 이성원료가 결합되었을 것이다. 여기에 도덕성, 윤리성 등 지성 원료가 융복합되어 완성품이 만들어졌을 것이다.

넷째, 창조생태계의 수요 인프라가 구축되어야 한다.

창조그룹들의 노력으로 혁신적 공법이나 첨단소재로 자전거를 만들었다고 하더라도 살 사람이 없거나 가격이 너무 비싸다면 창조그룹은 지속적으로 연구 개발하기도 어렵고 수요시장을 확보하기도 쉽지 않을 것이다.

바로 수요자 시장이 있어야 한다. 그렇지 않으면 판로와 자금난까지 겹쳐 수요가 일어나지 못한다.

태양광 기술을 예로 들면, 태양광 혁신기술로 전기를 생산했을 때 그것이 기술개발이나 생산비용, 관리운용 비용 등의 이유로 가격 경쟁력이 한국전력의 전기보다 떨어지게 된다면 시장의 수요 확장이 어렵게 된다. 따라서 경쟁력 강화를 위해 연구투자비, 설비투자비, 운영보조금 등에 대한 재정지원금이나 투자자 모집제도가 잘 가동되어야 한다. 아울러 태양광 에너지의 판매 또는 매입을 할 수 있는 전기 거래 시스템 등의 인프라도 구축돼야 한다.

태양광 에너지의 수요 확대를 위해 농업용 · 업무용 · 가정용 등에 대한 태양광 시설이나 소비를 할 때 보조금이나 시설비를 보조해 주어야 한다.

04

인간과 자연의 적자생존의 양태는?

인간이나 자연은 모두 적자생존의 원리에 의해 살아간다. 따라서 모든 생존경쟁 속에서 살아남기 위해서는 그것을 둘러싸고 있는 환경에 온전하게 적응해야 한다.

모든 생명체가 경쟁을 해야 하는 이유는 생명체의 안전을 지켜가기 위해서다. 예를 들면 먹거리를 구하고 생명을 온전히 지켜가고 종족을 퍼트리는 일이다.

그렇지만 모든 생명체의 생존 과정은 그리 순탄치 않다. 사실 가혹한 기후환경에 우악스럽게 적응해야 한다. 알다시피 경쟁자나 포획자들과 싸워서 이겨야 하며 계절이 변하거나 이동 지역이 바뀌어도 먹거리를 구해야 한다.

그렇다면 각종 생명체들은 생존 위기를 극복하기 위해 어떻게 해야 할까? 그 해답은 적자생존의 법칙에서 찾을 수 있다.

자연생태계 적자생존 유형(도표 11)

자연생태계의 적자생존 유형(도표 11)은 다섯 가지가 있다. ①
공생관계 ② 기생관계 ③ 천적관계 ④ 위장관계 ⑤ 기망관계 등
이다. 어느 생명체든 한 가지로 적자생존 전략을 세우는 것이 아
니라 복수 이상의 방법으로 살아간다.

첫째, 생물종 간의 공생관계형(Symbiotic relationship)이다.
공생관계란 두 종류 또는 그 이상의 생물종 간 싸우기보다는 서로의 이익을 주고받으며 공생공존하는 관계이다. 즉 윈-윈 전략(win-win strategy) 이다. 예를 들면,

① 악어와 악어새는 대표적 공생관계이다. 악어새는 악어 이빨 사이에 낀 찌꺼기를 청소해 주는 대신 그 찌꺼기를 먹이로 삼는다.

② 두드럭 조개는 물고기에 붙어 살아가고 물고기는 조개껍데 기 속에 알을 품게 한다. 따라서 조개 또는 물고기 중 어느 하나가 없어지면 다른 종은 도태하게 된다.

인간 사회도 이러한 자연의 공생원리에서 배울 점이 많다.

경쟁관계에 있는 기업 간에도 공생관계를 가지면서 윈-윈하는 경우가 많다. 삼성전자와 미국의 애플사는 서로 경쟁하지만 상호 간의 발명특허, 디자인 등 권리를 주고받기도 한다. 적과의 동침 (Sleeping with the enemy)이다.

국제분업이 발달한 현대 기업들 간에는 공생관계가 필수적이 다. 각각의 부품을 생산하는 기업, 다양한 원료를 공급하는 기업, 완성품을 만드는 기업이 공생하지 않으면 큰 피해를 보게 된다.

그러나 이러한 공생관계가 제3의 생명체에 피해를 주기도 한 다. 때로는 제3자에게 기생효과로 피해를 주기 때문이다. 예를 들어 노사협상에서 처우개선이란 명분으로 임금이나 복지수당을 대폭 인상하게 되는 경우 그 부담은 소비자에게 전가된다. 이것 이 기생효과이다.

둘째, 생물종 간의 기생관계형(Parasitic relationship)이다.

이것은 어느 종류의 생물종이 다른 종류의 생물종에게 일방적으로 피해를 준다. 하지만 자신은 상대로부터 오직 이득만 취한다. 자연생태계의 생존방식 중 가장 비열한 생존방식이다. 예를 들면,

① 기생말벌은 무당벌레 몸에 알을 낳는다.

기생말벌 애벌레는 무당벌레의 배에서 부화한다. 그런 다음 포식자로부터 안전을 지키려고 무당벌레의 다리 아래쪽에 숨어 고치를 만든다. 이때 무당벌레는 목숨은 유지하지만 몸체는 마비가 된다. 이 때문에 기생 말벌 애벌레가 성충이 될 때까지 무당벌레는 꼼짝 못한다.

② 인간의 생체 내부에는 여러 기생충이 있다.

의약의 발달로 지금이야 덜하지만 회충, 편충, 십이지장충 등이 있다. 이 중 회충은 사람이 먹는 음식물에서 영양분을 몰래 빼앗아 먹으며 산다. 그러면 사람의 몸이 마르고 허약해진다. 이것처럼 인간 사회에도 기생관계는 다양하다.

실제로 대기업이 중소기업의 납품단가를 후려치고 프랜차이즈 본사가 가맹점에 불리한 불공정 계약을 하는 경우이다. 이러한 갑과 을의 수직관계는 일종의 사회적 기생관계이다. 이러한 기생관계는 중소기업 입장에서는 천적인 셈이다.

또 국세청의 고위관리 출신이 대기업에 임원으로 들어가 탈법

적 방식으로 세금을 줄여 주는 데 기여하기도 한다. 법원과 검찰의 판검사는 대형 법무법인에 들어가거나 변호사 개업을 하는데 여기서 전관예우를 받기도 한다. 이러한 기생관계의 피해자는 소비자나 국민이다.

셋째, 생물종 간의 천적관계형(Natural enemy relationship)이다.

천적관계란 생물종 간의 일정한 힘의 원리가 작동한다. 생물종 간 먹고 먹히는 대적관계가 형성된다. 이것이 먹이사슬(food chain)이다.[5]

여기서 먹이사슬(도표 12)의 예를 들어 보자.

① 새 같은 조류는 나방을 먹이로 삼고, 뱀이나 올빼미는 새를 잡아먹으며, 독수리는 뱀이나 올빼미를 잡아먹는다.

② 같은 종의 곤충이라도 강한 놈이 약한 놈을 잡아먹기도 한다. 강한 무당벌레의 애벌레는 배가 고프면 더 약한 애벌레를 잡아먹는다.

③ 덩치가 큰 상어는 작은 고기를 잡아먹고, 잠자리는 모기를 잡아먹는다.

이것은 수직적인 먹이사슬이다. ① 식물 · 화초류 등 → ② 잠자리 · 나비류 등 → ③ 쥐 · 다람쥐 등 → ④ 구렁이 · 살모사류

---

5) 먹이사슬 : 지식백과, 브리태니커 비주얼사전 지구과학, naver 검색에서 인용

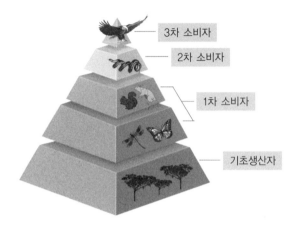

자연생태계의 수직적인 먹이사슬(도표 12)

3차 소비자

2차 소비자

1차 소비자

기초생산자

등 → ⑤ 매·독수리 등 조류 순으로 이어진다.

그렇다면 인간생태계의 먹이사슬 구조는 어떠할까?

인간생태계는 법령이나 정책, 규범, 계약 등 각종 제도적 장치들이 어느 정도 작동하기 때문에 자연생태계의 먹이사슬처럼 강력하지는 않게 보인다. 그럼에도 현실은 약육강식 원리가 많이 존재하고 있다.

대기업과 중소기업의 납품관계에서 갑과 을의 주종관계가 형성되어 있는데, 이것이 불공정한 지배구조로 형성되어 있다. 인간 사회에서 벌어지는 일종의 먹이사슬이다.

대기업이나 중소기업의 프랜차이즈형 지배구조도 일종의 천적관계이다. 이러한 천적관계는 일부 관공서, 경찰, 법원, 대기업 등에서 나타난다. 그리고 건물주가 세입자에 대해 일방적인 임대료 인상 횡포도 일종의 먹이사슬이다.

넷째, 생물종 간의 회피관계 모형인데, 위장(disguise) 또는 도피(escape) 관계는 일종의 생존 꾀라고 할 수 있다.

이것은 체격이나 힘이 부족하거나 시력 또는 청각이 취약한 곤충이나 동물 등에서 많이 발견된다.

이러한 곤충이나 동물들은 천적을 만나면 정면으로 싸우기를 그만두고 스스로 알아서 도망가거나 숨는다. 매우 지혜로운 선택이다. 어떤 곤충이나 동물 중에는 천적을 만나면 보호색을 띠거나 생김새를 바꾸기도 한다. 또한 위기에서 탈출하는 것은 자연계의 공통점이다.

예를 들면 하늘로 높이 날아가거나, 먼 곳이나 나무 위로 달아나거나, 물속으로 잠수하여 도망가거나, 땅굴 등 땅속으로 숨어버리기도 한다.

인간 사회에도 위기를 만나면 은닉 또는 도피를 하는 경우가 있다.

① 범죄 혐의로 수사를 받게 되면 일단 도망을 가는 경우가 많다. 삼십육계 줄행랑이 바로 그것이다. 그렇지 않고 결백하다며 덤비다가 붙잡히는 경우가 많다.

② 채권자에게 빚 독촉을 받은 채무자가 슬그머니 자기 집을

팔거나 자식에게 증여한다. 심지어 공공임대 아파트에 들어가기 위해 통장에 있는 돈을 인출해 다른 사람 명의로 예금하여 숨겨둔다.

③ 장사꾼은 추수철에 농산물을 값싸게 매점매석하였다가 가격이 폭등할 때 턱없이 비싸게 판다.

④ 동식물의 위장술도 다양하게 나타난다. 색깔 위장술, 무늬 위장술, 모양 위장술, 시체 위장술, 땅굴 은닉, 공중비행, 도망(도주), 냄새 분출 등 매우 지혜롭다. 이러한 위장술은 정부 정책이나 기업 경영에서 벤치마킹을 하기도 한다.

다섯째, 생물종 간의 기망관계형(Deceive relationship)이다.

생물종 간에 한쪽이 다른 상대방에게 믿음을 주거나 믿도록 하여 착오를 일으키게 한 후, 이득을 취하는 경우이다. 일종의 사기 행위이다. 동물이나 곤충의 생존 수단으로 비일비재하다.

① 뱀은 두꺼비를 봤을 때 공격하여 잡아먹는다. 그런데 두꺼비는 뱀의 몸 속에 알을 낳고 죽게 된다. 두꺼비 몸에는 맹독이 있어 뱀도 죽게 된다. 그러나 뱀의 뱃속에서 두꺼비의 알이 부화한다. 여기서 기망을 당한 것은 뱀이다.

② 뻐꾸기는 붉은머리 오목눈이새(일명 딱새) 둥지에 몰래 알을 낳는다. 그러나 이런 사실을 모르는 딱새는 뻐꾸기 알과 함께 부화를 시킨다. 뻐꾸기 새끼는 성장 속도가 빠르고 덩치도

더 크다. 그래서 뻐꾸기 새끼는 딱새의 새끼를 둥지 밖으로 밀어내 죽인다. 그럼에도 딱새는 뻐꾸기 새끼를 자기 새끼인 줄 알고 정성껏 먹이를 준다. 이것이 탁란(托卵, deposition)이다.

인간 사회도 타인에 대한 기망을 통하여 이익을 취하는 경우가 많다. 상대방에 대한 기망 행위를 통하여 재물을 교부받거나 재산상의 이득을 취하는 경우이다. 이것이 사기죄이다.

과장 광고를 통해 소비자를 기만하는 행위도 사기죄에 해당한다. 상호간에 신의와 의리 등을 바탕으로 계약 또는 약속을 하고 거래하였는데 상황이 불리해지자 돌연 상대방을 배신하고 약점을 잡고 그것을 기회로 이득을 취하는 경우이다.

II. 창조적 파괴론

01

창조적 파괴는 기업가의 도전정신이다

새로운 집을 지으려면 헌 집을 부숴야 한다. 즉 건물주는 헌 집을 철거해야 새 집을 지을 수 있다. 하지만 건물주는 그 과정에서 손익을 따져봐야 한다. 예를 들면 매몰비용, 기회비용, 미래의 신축비용은 물론 인허가가 가능한지 또 수요가 있는지 등이다.

이러한 건물의 철거와 신축 여부에 대한 타당성 판단은 소위 창조적 파괴(Creative destruction) 이론이 그대로 적용될 수 있다.

창조적 파괴 이론은 미국의 경제학자 조셉 슘페터(Joseph Alois Schumpeter, 1883~1950)가 처음으로 역설하였다. 그는 저서 《경제발전의 이론》(1912년)에서 "기업의 이윤은 혁신적인 기업가의 창조적 파괴 행위로 인한 생산요소들의 새로운 결합에서 파생되며, 이윤이란 바로 창조적 파괴행위를 성공적으로 이끈 기업가의 정당한 노력의 대가이다"라고 말했다.

여기서 창조적 파괴를 논할 때, 그 화두는 두 가지가 있다.

첫째, 창조적이란 무슨 말일까?

우선 창조(creation)의 뜻을 알아봐야 한다.

앞서 언급했지만 창조(創造)의 의미는 매우 넓다. 종전에 없었던 것을 처음으로 새롭게 만드는 것, 새로운 성과나 업적, 제도 개선 등 가치를 늘리는 것을 말한다. 이러한 창조의 유형도 매우 다양하다. 발명, 발견, 창작, 창시, 창설, 혁신, 쇄신, 창안 등으로 표현된다.

창조적이란 의미 속에는 건설적·생산적·미래지향적이란 뜻이 함께 숨어 있다. 따라서 창조적 파괴는 소모적·파손적·과거지향적이란 말과는 대조적이다.

둘째, 파괴란 무엇이냐이다.

파괴(destruction)는 무엇을 때려 부수거나 헐어 버리는 것을 말한다. 주위 환경이 변화하면 기왕의 가치, 목표, 방법들도 현실에 맞게 조정해야 한다. 이러한 환경 변화에 능동적으로 대응하는 전략이 필요한데 이것이 바로 창조적 파괴이다.

과거 개발도상국 시기에 만들었던 법령, 제도와 정책도 현실에 맞게 고쳐 나가야 한다. 전통기술이나 공법 또는 소재도 시간이 흐르면 고루해지기 마련인데, 이때 혁신 경영을 통해 현실에 맞게 조정 또는 교체, 보완해야 한다. 이것이 경쟁력을 높이기 위한 혁신 전략, 즉 창조적 파괴이다.

창조적 파괴 과정에서는 대체로 파괴행위가 선행되고 그 공간에 창조행위가 들어간다. 그러나 창조와 파괴의 과정에는 때로 갈등과 긴장이 생길 수 있다.

세계적 석학들의 창조적 파괴에 대한 시사점(도표 13)을 살펴보자.

창조적 파괴의 시사점(도표 13)

영국의 바이런의 시	미국의 슘페터	영국의 찰스 다윈
태풍이 지나간 들에도 꽃은 피고 지진에 무너진 땅에도 맑은 샘은 솟아오른다.	창조적 파괴이론에서 파괴는 소모적인 것이 아니라 생산적인 것이어야 한다.	진화론에서 개체종들이 살아남는 것은 환경에 적응하려면 기존의 것들을 바꿔야 한다. 이것이 적자생존의 법칙이다.

첫째, 영국의 낭만파 시인 바이런(George Gordon Byron, 1788~1824)의 시(詩)이다.

'태풍이 지나간 들에도 꽃은 피고 지진에 무너진 땅에도 맑은 샘은 솟아오른다.'

태풍은 들판의 나무나 풀들을 쓸어 버린다.(파괴) 또한 지진은 산과 강을 무너뜨린다.(파괴) 그렇지만 이곳에 새로운 또다른 생명들이 돋아나게 된다.(창조) 따라서 여기서 파괴는 미래에 대한 죽임

변화의 두 채널 – 파괴와 파손의 비교분석(도표 14)

소모적 파손
■ 퇴보와 개악
■ 수구와 퇴화
← 현상 →
창조적 파괴
■ 쇄신과 혁신
■ 개선과 개량

부가가치 감소
경쟁력 약화
→ 현상 →
부가가치 증가

이 아니고 새로운 탄생의 씨앗을 뿌린다는 뜻이 된다. 그래서 창
조적 파괴라고 할 수 있다.

둘째, 미국의 경제학자 슘페터의 창조적 파괴 이론(도표 14)이다.

파괴는 변화의 일종이며 두 가지 양상이 있다. 즉 생산적 변화
와 소모적 변화이다. 전자는 부가가치를 더욱 올릴 수 있도록 환
경을 개선시키는 창조적 파괴이고, 후자는 부가가치를 감소시킬
수 있게 환경을 악화시키는 소모적 파손이다.

창조적 파괴란 옛것을 파괴하고 새로운 것을 만들어 내거나 교
체하여 경쟁력을 끌어올리는 것이다. 이것은 소위 파괴 미학에
해당한다.

셋째, 영국의 생물학자 찰스 다윈(Charles Robert Darwin, 1809~1882)의 진화론이다.

이것은 모든 동식물은 생존의 위기를 만나게 되면 살기 위해 몸부림치며 자구책을 구하게 된다. 이것이 진화하며 발전하게 되는 적자생존의 원리이다.

적자생존(Survival of the fittest)의 원리는 여러 모양으로 나타난다. 대체로 몸체의 구조나 요령, 방식 또는 본능, 먹거리 등을 바꾸며 진화해 간다. 즉 독사는 경쟁자가 나타나면 물어서 맹독으로 방어 또는 공격을 하고, 스컹크는 포식자가 다가오면 지독한 냄새를 풍겨 쫓아 버린다. 그리고 맹금류들은 천적들이 접근하기 어려운 절벽 등에 둥지를 짓고 알을 낳는다.

이러한 자연생태계에서의 진화는 생존을 위한 적응과정이지만, 퇴화하는 경우도 있다. 환경에 적응하지 못해 생존경쟁에서 낙오되거나 생존경쟁에 불필요한 부분이 약화된다. 퇴화는 동식물의 개체수를 줄이거나 도태되는 경우가 많지만, 도리어 불필요한 것을 없애기도 한다. 동식물의 진화나 퇴화는 여러 곳에서 발견된다. 타조 등 날지 못하는 새는 날 필요가 없어 퇴화한 것이다. 날아가지는 못해도 능히 먹이를 구할 수 있고 포식자가 나타나도 다리가 발달해 빠른 속도로 도망갈 수 있기 때문이다.

그렇다면 인간 생태계는 어떠한가?

인간 사회도 창조생태계의 진화나 퇴화와 같은 적자생존의 원리가 그대로 작용한다. 사회적 진화이론으로 설명될 수 있는 용어들이 많다. 인간 사회는 자신의 욕망을 늘려가기 위해 뭔가 그 해법(solution)을 강구하고 감행하려 한다. 예를 들어 창조, 창안, 개선, 개량, 개척, 혁신, 창작, 적응, 순응, 위장, 거짓, 전략, 전술 등은 인간이 만들어 낸 사회적 진화이다. 이를 통해 먹거리를 구하고, 생존을 유지하며 종족을 번식, 발전해 나간다.

그러나 인간 사회도 퇴화가 일어난다.

인간들은 누구나 생존 수단을 통해 필요한 재화나 서비스를 얻으려 하지만 때로는 반대의 결과로 나타나는 경우가 있다. 예를 들면 퇴보, 퇴행, 개악, 도태, 퇴출, 실패 등으로 인해 경쟁 대열에서 낙오되는 경우이다. 이러한 경우는 창조적 파괴가 아니라 소모적 파손이라는 결과를 가져온다.

그럼 여기서 창조적 파괴와 소모적 파손(도표 15)에 대하여 구체

창조적 파괴와 소모적 파손 비교분석(도표 15)

창조적 파괴 채널	구분	소모적 파손 채널
생산성 증대	목표	생산성 약화
쇄신과 혁신	수단	소모와 퇴보
생산적 · 미래적	성격	소모적 · 과거적
활성 에너지 증가	에너지	악성 바이러스 증가
경쟁력 창출	가치	경쟁력 감소
동력의 증가	결과	동력의 약화

적인 내용을 알아보자.

공공정책이나 기업 경영이 추구하는 목표나 동기, 과정과 절차 그리고 결과에서 현재보다도 부가가치가 늘어나게 되면 생산적 파괴이다. 그렇지만 부가가치가 줄어들면 소모적 파손이 된다.

따라서 최고관리자는 목표 달성이나 문제 해결에 있어 기왕의 경영이나 정책이 소모적이라면 창조적 방향으로 그 해결 방식을 재설계해야 한다. 이것이 업무 재설계(business process reengineering)이다.

다음에는 창조적 파괴와 기업가 정신과의 관계가 어떠한지를 알아보자.

먼저 경제학자 조셉 슘페터는 기업가에 대해 "창조적 파괴는 기업가 정신(entrepreneurship)이다"라고 역설했다.[6]

① 기업가란 이익을 창출하기 위해 새롭고 어려운 일에 도전하는 사람이다. 종전 개념에서는 기업을 소극적 관리인으로 해석하였던 것에 비교하면 파격적인 변화이다.

② 창조적 파괴는 자본주의의 역동성을 가져오는 가장 큰 요인이다.

자본주의 경제체제에서는 호황과 불황이 반복적으로 일어난다. 따라서 기업가는 불황과 같은 위기가 닥칠 때는 혁신을 통해

---

6) 조셉 슘페터의 창조적 파괴는 기업가 정신 : 지식백과, naver 검색. 상식으로 보는 세상의 법칙 경제편

극복해야 한다. 이때 창조적 파괴 전략이 필요하다. 이런 의미에서 기업가를 혁신가(Innovator)로 보는 것이다.

그리고 피터 드러커(Peter Ferdimand Drucker, 1909~2005)는 기업가 정신에 대해 이렇게 정의한다.[7]

① 기업가 정신은 기업 현장뿐만 아니라 모든 분야에 확장되어 적용되어야 한다. 공공기관, NGO, 사회구성원까지 중요하다.

② 기업가 정신은 새로운 비즈니스 창업은 물론 창의와 혁신, 변화와 개선 등을 모두 포괄하는 의미이다.

③ 기업가 정신의 실행은 무엇보다 기회의 인식과 기회의 포착이다.

항상 변화를 추구하고 변화에 대응하며 변화를 포착하여 기회를 이용할 줄 알아야 한다는 것이다.

또한 피터 드러커는 기업가 정신의 관점을 이론보다 실천에 두고 "일종의 과학도 아니며 특별한 기예도 아니다"라고 설파하면서 일곱 가지 씨앗론을 내세웠다. 이것이 7C이론이다.[8]

① 변화의 씨앗(Change)이다. 기업가에게는 통찰력, 관찰력, 변별력이 요구된다.

② 위기 극복의 씨앗(Crisis)이다. 기업가에게는 진정성, 성실성,

---

7) 피터 드리커 기업가 정신 : 지식백과, naver, 도서관엽 철학카페
8) 피터 드러커 7C이론 : 지식백과, naver 검색

인간 존중이 필요하다.

③ 기회의 씨앗(Chance)이다. 기업가는 기회를 놓쳐서는 아니되고 포착할 줄 알아야 한다.

④ 도전과 헌신의 씨앗(Challenge&Commitment)이다. 기업가는 수련활동을 통해 도전과 헌신의 노력이 필요하다.

⑤ 창의력의 씨앗(Creativity)이다. 여기서 창의력이란 창조적 활동을 통해 세상을 바꾸는 일이 필요하다.

⑥ 최고의 씨앗(Champion)이다. 여기서 기업가는 남다른 능력과 재능, 통찰력, 관찰력, 이 모두를 아우르는 넓은 마음이 요구된다.

⑦ 매력의 씨앗(Charming)이다. 기업가는 자신과 뜻도 다르고 심지어 좋아하지 않는 사람들까지도 매력적으로 끌어들이는 힘이 있어야 한다.

이것이 피터 드러커가 말하는 기업가가 갖추어야 할 자질이다.

창조적 파괴는 혁신의 중심 코드이다

공공기관이나 기업의 조직 규모가 커지면 커질수록 구성원들의 창의성을 가로막는 방해 요소들이 늘어난다. 여기에는 무사안일주의, 관료주의, 이기주의, 연고주의, 소통의 미흡, 안전주의, 관례답습주의 등이 포함된다.

이러한 방해 요소는 혁신 정책이나 혁신 경영에 해를 끼치는 일종의 바이러스들이다. 따라서 조직의 유해성 바이러스는 창조적 파괴의 중심 코드(Central Code)이다.

창조적 파괴를 통해 혁신 과정이 일어나면, 창조적 파괴 전략의 궁극적 목적은 혁신을 통한 경쟁력 향상(도표 16)이다.

① 공공기관이라면 공공성, 효율성, 안전성, 투명성, 공정성, 신뢰성을 올리는 데 있다.

② 기업이라면 경제성, 생산성, 수익성, 안전성, 가성비, 신뢰

창조적 파괴를 통한 혁신 목표(도표 16)

공공분야	구분	기업 경영
국가기관, 지방자치단체, 공기업, 기타 법정단체	분야	대기업, 중견기업, 중소자영업체 등
공공성	핵심가치	수익성
합법성, 투명성, 민주성, 도덕성, 공정성, 형평성 등	공통가치	생산성, 효율성, 공정성, 투명성, 도덕성, 민주성 등

성을 올릴 수 있어야 한다.

창조적 파괴의 주요 대상(도표 17)은 큰 틀에서 제도, 기술, 가치, 자원 등 네 가지로 나눌 수 있다.

첫째, 제도 측면이다.

조직구조, 인력관리, 예산제도, 법령과 조례, 기준 등이 주요 대상이다. 시대 환경 변화에 뒤떨어진 것을 현실에 맞게 조정 과정을 거쳐야 한다. 이러한 과정이 혁신, 교체, 개정, 개량 또는 폐지하거나 수정 보완하는 일이다.

사실 산업사회의 과잉규제는 제도부분에 많다. 법률, 정책, 규칙 등의 과잉규제는 혁신 경영을 가로막는 가장 큰 장애요소이다.

개발도상국 시절에 적합한 법령들은 그동안 환경이 크게 변했는데도 불구하고 그냥 놔두고 있어 시장경제의 활성화에 큰 피해

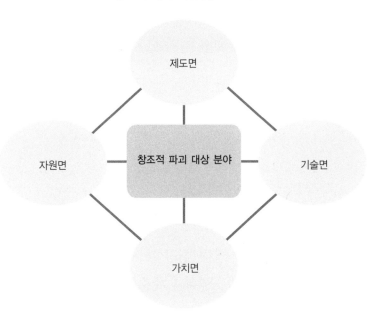

창조적 파괴 대상들(도표 17)

제도면

창조적 파괴 대상 분야

자원면

기술면

가치면

를 주고 있다. 또한 성질상 민간기업이 할 일을 공공기관이 하거나 또는 민간에 이양을 해야 함에도 이것을 기피하는 경우가 많다.

이와는 반대로 국민의 안전을 위해 새로운 제도적 규제가 필요한데도 그냥 놔두고 있는 경우도 많다. 특히 환경이나 의료, 보건, 화재, 식품 등 안전성을 확보해야 할 곳에 많다. 이러한 원인은 대부분 관료주의, 무사안일주의, 직능이기주의, 보신주의, 형식주의 등이 잔존하기 때문이다.

둘째, 기술 측면이다.

기계, 설비, 전기, 전자, 기법, 공법, 표준, 요령 등 관련된 요소들이다. 기왕의 채택된 공법과 기술이 매우 낙후되었거나 규격과 형식이 국제표준에 맞지 않는데도 그냥 방치하는 경우이다.

공공기관이나 산하 연구기관에서 막대한 예산을 들여 신기술이나 신소재, 신공법을 발명했는데도 불구하고 특허 출원이 되지 않거나 독점으로 사용하면서 기업 등에 기술 이전을 꺼리는 경우도 있다.

산업 분야별로 이미 스마트 공장, 스마트 농장, 인공지능로봇, 자율주행자동차 등 분야에서 제4차 산업혁명이 한창 진행 중이다. 그런데도 무사안일한 공직자나 기업가는 그런 시대적 환경에 적응을 하지 못하는 경우가 많다.

기존 하드웨어 기술에 의존하여 소프트웨어 기술의 도입이 늦어 생산성이 떨어지는 경우이다. 예를 들면 인터넷 뱅킹 서비스, 스마트폰 결제 서비스, 드론 촬영이나 인명구조사업, 사이버앱 콘텐츠 등이다.

셋째, 가치 측면이다.

공사 조직을 막론하고 성장하면 불가피하게 인력과 조직이 비대해진다. 여기서 사회환경에 맞는 혁신 작업이 늦어지면 경쟁 대열에서 낙오될 수 있다.

① 우월적 관료주의, 무사안일주의, 책임전가주의, 관례답습주의 등이 그것이다. 모두 창조적 파괴 대상들이다.

반민주적 행태, 의사소통의 침체, 책임회피주의, 불공정한 행태, 신뢰성 상실 등도 혁신의 대상이다. 연고주의, 전관예우, 검·경의 반인권 행태, 기업의 갑질 행태 등 모두 가치관의 혁파 대상들이다.

② 그러나 공사 조직구성원들의 권위주의적 행태는 단시일내에 혁신하기가 쉽지 않다. 정신교육, 혁신교육, 창의교육, 기술교육 등을 통해 이념과 행태를 바꾸어야 한다.

③ 성장우선주의 시대는 점점 분배지향주의로 바뀌었는데도 지나치게 효율성만 강조하는 경우이다.

신기술, 신공법, 신소재, 신약 등 제4차 산업혁명이 한창 중인데 아직도 과거의 노동가치나 평등가치에 매몰되어서는 아니 된다. 그렇지만 정부 정책, 기업 경영에 있어 생산성 가치와 형평성 가치를 적절히 조화시킬 줄 알아야 한다.

넷째, 자원 측면이다.

파괴의 대책에는 인적·물적 자원의 비효율성이나 낭비 행태 모두가 포함된다. 특히 공사 조직에 만연되어 있는 학연·지연 등 연고주의는 경쟁력을 떨어뜨리는 심각한 요소이다.

① 조직의 인적 구성이 특정 지역이나 학교에 치우쳐 연고주의

에 빠지게 되면 생산성과 공정성이 떨어지고 특히 위기 상황에 대처하기 힘들다.

② 구조조정과 관련되는 경우 부동산, 토지, 건물을 매각하게 되는데, 그것과 관련된 비위가 발생하는 경우가 많다.

③ 시장 동향이나 국제 동향은 정책(의사) 결정에서 매우 중요한 요소이다. 그런데도 최신의 국내외적 정보자원의 획득에 둔감한 경우가 많이 있는데, 이것도 주요한 혁신 대상이다.

사실 시장의 여건 변화, 신기술 출현, 소비 성향 변화 등이 크게 바뀌었는데도 과거에 쓰던 자원을 그대로 고집하는 경우이다.

간부급 조직구성원은 비교적 연령이 높고 사고와 지식 등이 고루한 경우가 많다. 인재 영입, 교육 실행 등을 통해 인적자원의 능력을 향상시켜야 한다. 특히 인공지능, 빅데이터, 사물인터넷 활용에 대한 업무 재교육, 보수교육, 정보교육 등은 필수적이다.

창조적 파괴의 궁극적 목적은 조직의 혁신이다. 그러나 창조적 파괴 전략에도 부작용이 많다. 혁신 과정에서 불가피하게 창조적 파괴가 동반되기 때문에 조직구성원의 동요가 일어나기 쉽다. 왜냐하면 혁신 과정에는 인적청산, 조직개편, 구조조정, 핵심업종 매각 등이 일어나기 때문이다. 몇 가지 예시를 들어보자.

① 혁신을 위한 인재를 영입한다며 인적청산을 하였다. 그러나 그 후 새로이 충원되는 사람들을 보면 자신과 연고 있는 지인들을 채용하거나 전보시키는 경우가 많다. 인재를 찾으려

면 널리 공개경쟁 방식이나 경험자 및 전문가를 초빙하는 형태로 영입해야 한다.

② 신사업에 투자한다면서 비업무용 토지 매각과 건물을 팔았다. 그러나 친인척이나 지인들에게 싼값으로 수의계약을 하여 이권을 챙겨 주는 경우도 많다.

③ 교통 여건이나 근무환경을 개선한다며 새 청사를 지으면서 설계와 시공 과정에서 특정인에게 이권을 챙겨 주는 경우가 많다.

④ 검증되지 않은 기술이나 공법, 원자재를 우수하다고 추천하면서 특정인에게 이권을 챙겨 주는 경우도 많다. 이러한 방식은 뇌물수수, 친인척 특혜의 경우이다.

⑤ 제조생산업체에서 직접 구매하면 저렴한데도 중간 유통단계에서 구입하도록 하여 중간에 유통수수료를 챙기게 하는 경우도 종종 있다.

따라서 혁신 경영을 위해서는 이러한 사례들에 대하여 창조적 파괴를 해야 한다. 그러나 최고경영진이 이러한 사례를 방치, 악용하거나 하면 오히려 창조적 파괴가 아니라 소모적 파손이 되는 개악의 결과를 초래할 수 있다.

이러한 창조적 파괴 과정에는 항상 위기 상황이 동반될 수 있다.
① 창조적 파괴 방식이 인적·물적 구조조정이라면 더욱 그러

할 것이다. 대기업 구조조정의 경우에는 부실한 기업이나 부실 사업부문을 정리하게 되는 경우가 많다. 이런 경우 조직 폐지, 인력 축소, 보유 부동산 처분, 기왕의 아이템 생산 종료, 지역 지사 폐지 또는 축소 등이 불가피하다. 따라서 그에 따른 조직의 치명적 리스크가 발생할 수 있다.

② 특히 구조조정 과정에서는 근로자의 실직문제, 청산절차 문제, 퇴직금 정산문제, 근로기준법상 법적문제, 계열업체와 하청업체의 연쇄 도산 위기 등에 대한 문제가 따라온다.

기업을 청산하고 경영을 그만둔다면 모르겠지만 구조조정은 일종의 리스트럭처링(restructuring)으로 조직을 정상화하는 데 목적이 있다.

③ 따라서 최고경영자는 창조적 파괴로 구조조정을 함에 있어 부문별 리스크 관리 계획을 세밀하게 수립하고 대처하여 차질을 예방해야 한다.

구조조정 과정에서 나타날 위험요소가 무엇이며 그 해결 수단이 무엇인지를 정밀하게 분석하여 대책을 마련해야만 한다.

경영 혁신의 전략과 원칙은 무엇인가?

혁신 전략의 시작단계는 창조적 파괴이다. 따라서 창조적 파괴는 건설적 · 생산적 · 미래적 가치를 지향해야 한다.

그러나 창조적 파괴 전략이 실패하면 혁신 과업은 소모적 · 퇴행적으로 진행되어 자칫 용두사미로 그칠 수 있다.

혁신 전략의 핵심은 한마디로 경쟁력을 크게 끌어올리는 데 있다. 지금부터 성공적 혁신 전략에 대하여 알아보겠다.

먼저 혁신 전략 기획은 상향식과 하향식이 있다.

상향식은 조직구성원 등 하부관리층에서 혁신의 필요성을 인식하고 그 대안을 건의하면서 시작되는 경우이다. 사실 하부관리층은 제품의 하자, 기계의 노후 또는 갖은 사고 등 위험요소가 발생하는 경우이나 국내외 시장에서 매출액이 떨어지거나 원자재

구입이 어려운 경우이다. 문제는 기업 노조들과 연계하여 조직 혁신보다는 기득권 유지나 확장 수단으로 활용되는 경우도 있다. 따라서 혁신 전략에 예상되는 저항들에 대한 대안도 제시되어야 한다.

반면에 상향식은 민주적이긴 하지만 혁신 규모나 강도가 그리 크지 못할 수가 있다. 하부관리층은 혁신 과정에 필요한 예산이나 법적 문제 또는 선후 문제, 장단점 등에 대한 정보도 부족한 데다가 의사결정권도 없기 때문이다. 그러나 기술적 개선이나 예산 절약 또는 현지 안전관리 등에 대하여는 의외로 큰 성과를 거둘 수 있다.

하향식은 최고관리층에서 혁신 전략을 수립하여 하부관리층으로 시행하도록 하는 것이다. 대체로 신임 기관장이나 임직원들이 처음 부임했을 때 조직의 주어진 소임들을 달성하려 하거나 현안 문제를 해결하기 위해 종종 개혁 방안을 발표하기도 한다.

하지만 하향식 혁신 전략은 대규모 인적·물적 자원이 동원되는데다가 하부관리층의 기대와 다른 경우 조직적 저항이 일어날 수 있고 생산성도 떨어질 수 있다. 대체로 혁신 과업이 시작되면 그에 대한 찬반 논쟁이 일어나게 된다.

그렇다면 경영 혁신에 대한 논의가 시작될 때 그 반응은 어떻게 나타날까? 대체로 큰 틀에서 3개 그룹(도표 18)으로 나누어진다. 찬성그룹, 중도그룹, 반대그룹이다.

경영 혁신에 대한 반응(도표 18)

찬성그룹 (30%)	주도적 그룹	15%	적극적 박수를 친다.
	소극적 그룹	15%	소극적 박수를 친다.
중도그룹 (40%)	친혁신 그룹	20%	혁신에 찬성하고 박수는 안 친다. 기회주의적이다.
	반혁신 그룹	20%	혁신에 반대하나 박수는 안 친다. 기회주의적이다.
반대그룹 (30%)	소극적 반대	15%	혁신에 반대를 하지만 주저한다.
	적극적 반대	15%	혁신에 반대하고 투쟁적이다.

경영 혁신의 반응은 대상과 방식에 따라 다를 수 있지만 보편적으로 찬성그룹 30%, 중도그룹 40%, 반대그룹이 30%를 차지한다. 그렇다면 혁신 세력이 어느 정도 되어야 경영 혁신이 성공할 수 있을까?

여기서 이탈리아 경제학자가 주창한 파레토 법칙(Pareto's Law, Vilferd Parete, 1848~1923)을 인용해 보자.[9]

'전체 결과의 80%가 전체 원인의 20%에서 일어나는 현상'이다. 이 법칙의 근거는 백화점 고객의 상위 20% 고객이 매출의 80%를 차지한다(파레토)는 데 두고 있다. 그리고 '이탈리아 인구의 20%가 이탈리아 전체 부의 80%를 가지고 있다'(조셉 M. 주란)는

---

9) 파레토 법칙 : 지식백과 2080법칙, naver 검색

예를 들 수 있다.

하지만 파레토 법칙은 전통적인 마케팅 분석에서는 상당히 설득력이 있었지만 오늘날은 인터넷 온라인 시장이 열린 후 설득력이 많이 떨어졌다. 인터넷 판매시장의 경우 초기 판매에서는 2 : 8 법칙이 어느 정도 맞는다. 그러나 장기 판매에서는 80%의 고객이 물품을 꾸준히 주문한다.

이것이 롱테일 법칙(The Long Tail)이다. 사실 이 현상은 인터넷을 기반으로 한 서적, 음반, 전자제품, 건강식품, 헬스기구, 화장품 등의 판매에서 일어난다.

다음은 혁신 논의에 대한 조직구성원들의 반응이 어떻게 나타나는지 알아보겠다.

파레토 이론에 따르면 혁신 주도 그룹은 대체로 20%라고 해석할 수 있다. 하지만 혁신 그룹에 반대하는 그룹도 그만큼 되기 때문에 단순히 파레토 법칙을 그대로 수용하기란 쉽지 않다. 대체로 경험칙상 조직구성원들의 반응은 세 개 그룹에서 각 그룹 간 두 개씩 총 여섯 개 그룹으로 나뉘어진다.

혁신 찬성그룹 30%(주도적 그룹 15%, 소극적 그룹 15%), 중도그룹 40%(친혁신 그룹 20%, 친반대 그룹 20%), 반대그룹 30%(소극적 반대그룹 15%, 적극적 반대그룹 15%)이다. 여기서 혁신 과업을 성공적으로 이끌어 가기 위해서는 적어도 과반수 이상의 지지를 이끌어 내야 한다.

혁신 찬성그룹 30%에 중도그룹 중 20% 이상, 즉 절반 이상을 끌어올 수 있다면 혁신 사업에 타격을 받을 수 있다. 하지만 강성노조의 경영권 관여가 심해지면 혁신 환경의 조정이 어려워질 수 있다. 왜냐하면 강성노조는 과도한 처우개선, 조직축소, 인원 감축 반대, 근로자 후생복지 강화부문은 물론 정치투쟁에 개입하는 경우가 많기 때문이다. 따라서 안정적 노무관리는 매우 중요하다.

그렇다면 성공적 혁신 과업의 전략에는 무엇이 있을까?

큰 틀에서 혁신의 폭과 강도에 따라 창조적 파괴 유형(리모델링형 · 재건축형 · 인테리어형)을 세 가지(도표 19)로 나눌 수 있다.

첫째, 리모델링형(remodeling style) 혁신 전략이다. 이는 창조적 파괴에 대한 대상과 강도가 대체로 부분적이고 완충적이다.

기본가치, 구조, 조직, 인사, 재정, 기술, 제품 등에서 문제가 있는 부분만 족집게처럼 골라서 빠르게 또는 점진적으로 도려내고(파괴) 그 부위를 새것으로 대체하는 것(창조)을 말한다.

이러한 혁신 전략은 주로 조직 외부의 환경이 그리 나쁘지 않은데도 내부적인 조직구성원들의 무능이나 무사안일 등으로 성과가 떨어지고 있을 때 적합하다.

예를 들면 조직구성원들이 무사안일, 관료주의, 책임회피주의, 신기술 도입 지체, 인재 영입 기피 등으로 조직 경제력 약화를 가져온 분야가 있다. 이 경우 유발 요인이 된 조직(부서)의 인적자원

창조적 파괴(리모델링형 · 재건축형 · 인테리어형) 유형(도표 19)

구분	리모델링형 (remodeling style)	재건축형 (reconstruction style)	인테리어형 (interior style)
기본방향 과 수위	대상의 일부 또는 점진적 시행	대상의 전부 또는 획기적 시행 양과 질에서 전면적	부분 보수 보완
대상 공장건축물	부분 철거, 부분 보완 기존 매장에 규모나 배치 변경	전면철거, 전면신축 중급 또는 고급매장으로 변경	부분 손질, 부분 혁신 도색, 도배 건축물 유지 보수
조직 인사 기술 제품	위계적 조직보완 기존인사의 보수 교류 신제품 개발 출시	기능별 사업별 조직을 사업부서 조직으로 전환 전문인사 경력직 등으로 외부조달 제품생산 중단 신규제품 으로 대처	기존 유사 성행적 교체 포장개선
소재	기존소재의 품질원가 재조정	신소재로 완전 대체	기존 소재 보완
브랜드	품질과 원가 재조정, 가성비, 가심비 제고	신규 고급, 중급 브랜드로 생산 출하	인원 감축 가심비 제고
시장 업종 교육	기존 시장의 판촉 강화 (신규 아이템 계획) 신기술 신상품 보수교육	신규시장의 개척 신규업종, 신종아이템 개척 외부전문가 신규채용 활용 신기술, 신제품, 경력 반영 위탁교육 전문가 교육	판촉 강화 기존 제품 디자인 개선 교육

교체와 부서 개편 등 소규모의 인적 구조조정을 할 수 있다. 그렇지만 인적 리모델링을 할 때는 조직구성원의 경력보다는 능력과 실적, 그리고 미래성에 중점을 두고 판단해야 한다.

소비자의 감성효과가 크게 영향을 받는 업종이나 백화점 등은 계절마다 또는 매년 매장 디자인과 주력 제품의 진열 방식을 리모델링하여 판촉 효과를 거두기도 한다.

둘째, 재건축형(reconstruction style) 혁신 전략이다. 기본 방향은 대폭적이고 전면적이다.

이는 혁신 전략 중 가장 강도 높은 개혁으로 기본가치, 조직, 인사, 업종, 기술, 소재, 영업, 원자재 등 모든 것을 파괴하고 혁신(안)으로 대체한다.

재건축형 혁신 전략은 위기상황이 예상되거나 재난 등으로 위기의 함정에 빠졌을 때 그 긴장감을 활용하여 평상시 할 수 없었던 개혁을 할 수 있다. 예를 들면 정권의 총체적 실패로 민심을 잃거나 기업 경영의 실패로 유동성 위기 또는 매출이나 수익이 떨어져 문책성 인사를 할 때 사용하기 좋은 전략이다.

따라서 혁신 대상의 폭이 넓고 강도가 중하며 속도감 있게 진행된다. 본사나 지사 또는 대리점까지 모두 창조적 파괴와 혁신의 대상이 된다. 소위 '강도 높은 혁신'이 이에 해당한다.

그러나 인적 · 물적 혁신 부문에서 부서 통폐합 등 강도 높은 구조조정이 시행될 경우 구성원들의 저항이 심해지고 이 과정에서 자칫 돌발사태가 일어날 수 있다. 노조 파업이나 태업, 심지어 고소고발 등 사태가 일어날 수 있다. 따라서 재건축형 혁신은 극단적인 위기상황이 왔을 때 행해져야 한다.

셋째, 인테리어형(interior style) 혁신 전략이다. 그 대상이나 강도는 매우 제한적 · 부분적으로 소규모 손질을 보는 것이다.

조직의 기본가치, 조직 구조, 재정, 기술 등은 대체로 유지를 한다. 예를 들면 자체 감사나 민원 또는 민심을 청취하여 수렴한 것을 반영하고 그렇지 못한 것은 장래의 혁신 과제로 남겨둔다.

단기간에 효과를 볼 수 있는 정책도 개발해야 한다. 구성원 복장 교체, 홍보 강화, A/S, 사회봉사활동, 이웃돕기 등이다. 가두 판촉행사, TV 광고 등 이미지 제고 또는 비용 절감 전략 등에도 효과가 있다. 그러나 인테리어 혁신 전략은 효과면에서 그리 큰 기대를 거두기 어렵다.

따라서 정신교육 등을 통해 생산성을 향상되거나 우수한 아이디어가 나오면 일정한 인센티브를 주는 방안도 함께 병행할 필요가 있다. 인테리어형 혁신 전략은 주로 소비자를 직접 상대하는 백화점, 음식점, 카페, 생활필수품, 가전제품, 중저가 의류제품, 신변잡화제품 등과 같은 곳에서는 매우 유효하다.

그러나 이는 성질상 일회성 이벤트에 그칠 가능성이 높기 때문에 재건축형 혁신 전략처럼 진정한 혁신 성과를 거두기는 어렵다. 경영 환경에 따라 혁신의 동기 및 방향이 달라질 수 있기 때문이다.

다음은 혁신 전략의 소요기간(도표 20)이다. 단기 · 중기 · 장기 계획으로 소요기간 및 과업 내용에 따른 분류이다.

혁신 전략 소요기간 및 과업 범위(도표 20)

단기 계획	중기 계획	장기 계획
1~2년	3년 내외	5년 이상 10년 내외
분기별 계획	단기 계획과 국방 중기 계획	도시 기본 계획
MBA 1년 과정	중기 계획의 교량 역할	산지관리 10개년 계획
소규모 사업 등	혁신 경영 5개년 계획	과학기술발전 10개년 계획
현장실습, 어학연수	청소년 문제 5개년 계획	10개년 도시철도망 구축계획

대체로 단기 혁신 전략 기간을 1~2년 내외인 경우이다. 예를 들면 분기별 계획, MBA 1년 과정, 소규모 판촉전략, 직원연수교육 등이 있다. 중기 혁신 전략은 3~4년 소요 되는 경우이다. 예를 들면 중기계획, 혁신 경영 5개년 계획, 청소년 문제 5개년 계획, 경제개발 5개년 계획 등이다.

장기 혁신 전략은 5년 이상 10년 내외의 정기적 과제를 해결하는 데 유용하다. 해외시장개척계획, 도시기본계획, 지하철 등 교통계획, 주택정책계획 등에서 많이 쓰인다.

그렇다면 혁신 계획에 무슨 내용이 들어가야 하는가?

대부분 다음과 같은 내용이 포함되어 있다.

① 혁신 사업의 목적이나 재원 조달, 기술적 문제, 원자재 조달 문제

② 혁신 기본계획 수립, 기본 및 실시 설계, 관련 부처 간 협업

③ 혁신 계획의 난이도, 민원문제, 예비기간 등을 고려하여 사업계획을 수립한다.

이러한 계획을 성공적으로 추진하기 위해서는 반드시 고려해야 할 혁신 전략 6대 원칙(도표 21)이 있다.

혁신 전략 6대 원칙(도표 21)

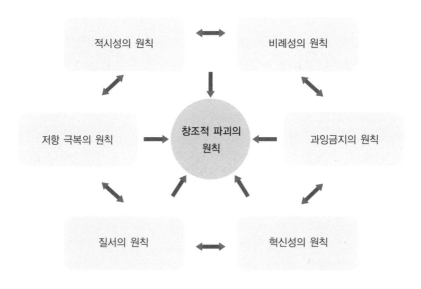

첫째, 적시성의 원칙이다.

여름 철새는 여름이 되면 남쪽에서 날아오고 겨울철새는 여름이 다가오면 다시 북쪽으로 날아간다. 만일 철새들이 적기에 이동하지 않으면 생존이나 부화에 어려움을 겪게 된다.

사람들도 여름에는 얇은 옷을 입지만 겨울에는 두꺼운 옷을 입는다. 이것처럼 혁신 전략도 적시성의 원칙에 맞춰 사전 준비와 시행에 들어가야 한다. 겨울철 강설량이 많아지면 눈사태가 일어난다. 또한 눈사태가 계속되면 노후건물, 노후교량, 노후설비, 노후건설 등도 붕괴가 우려된다. 따라서 적기에 미리 안전관리 대책을 세워야 한다.

둘째, 비례성의 원칙이다.

건물이나 도로가 붕괴할 조짐이 나타나면 그에 상응한 예방대책을 세워야 한다. 붕괴 위험 요인이 크면 큰 대로 급하면 급한 대로 미리 대비를 해야 한다.

멀쩡한 대형 건물이 작은 문제가 있다고 하여 성급하게 면밀한 분석 없이 철거할 수는 없다. 그와는 반대로 작은 건물이라도 무너질 우려가 크다면 바로 철거에 들어가야 한다. 예를 들면 닭, 돼지 등에 전염병이 돌면 바로 역학조사에 나서 원인을 찾는 한편 확산 전염을 막기 위해 이동 차단 등의 조치를 취해야 한다.

혁신 과업의 목적, 방법, 효과, 문제점 등을 분석하고 그 수위에 맞게 혁신 계획을 수립해야 한다.

셋째, 과잉금지의 원칙이다.

공공정책이나 기업 경영에 필요한 자원들은 많다. 혁신 과업 수행에는 인적·물적자원은 물론 기술, 경험, 정보 등 자원이 필요하다. 인적자원을 혁신해야 한다고 무작정 해고부터 이루어져서는 안 된다.

또 정부 조직을 혁신한다며 대안도 없이 멀쩡한 조직을 해체시켜서는 안 된다. 왜냐하면 업무 마비 등 역효과가 심해질 수 있기 때문이다. 따라서 혁신의 범위와 강도는 과잉금지 원칙에 적합하게 이루어져야 한다.

넷째, 창조적 파괴 계획과 혁신 대안 수립은 함께 고려돼야 한다.

창조적 파괴는 그 자체가 목적이 아니다. 혁신 정책이나 혁신 경영은 절차적 수단에 불과하다. 따라서 파괴와 혁신은 상호 연계되어 이루어져야 한다.

이를테면 현재 가동 중인 대규모 시멘트 레미콘 공장의 생산성이 기대보다 떨어진다 하여 갑자기 대안도 마련하지 않고 생산을 중단시켜서는 안 된다. 왜냐하면 거래 고객들에게 신뢰 이익을 해칠 수 있기 때문이다. 자칫하면 소모적 파괴로 변질될 수 있다.

이런 경우는 미리 제품을 생산하여 예비 물량을 충분히 확보

비축해 두고 철거한다든지 아니면 다른 곳에 미리 대체 공장을 신축하여 제품 공급에 차질이 없도록 해야 한다. 다시 말해 창조적 파괴와 혁신의 대안 마련은 동시에 진행되어야 한다.

다섯째, 질서의 원칙이다.

창조적 파괴와 혁신의 대안 마련과 시행한 경영 혁신의 기본계획 등에 따라 혁신 대상과 강도를 정하여 질서있게 추진하되, 수요 공급의 원리, 안전 우선의 원리에 충실하게 질서있게 이루어져야 한다. 예를 들면 레미콘의 생산성이 떨어지고 있다면 그 원인이 무엇인지를 사전에 분석하여 그 부분부터 혁신해야 한다.

혁신 대상의 우선순위는 혁신 효과가 크지만 부작용이 적은 부분부터 실시해야 한다. 혁신 전략은 대상의 선후 시기 조정, 난이도 대비 효과에 따라 질서있게 시행을 해야 한다. 그렇지 못하면 자칫 조직구성원의 동요가 일어날 수 있기 때문이다.

여섯째, 저항 극복의 대책이 있어야 한다.

혁신 과정에는 항상 기득권의 침해 우려가 많기 때문에 자칫 혼란을 초래하기 쉽다. 재래식 기계설비를 전자식 자동설비로 바꾸게 되면 기존의 인력은 경험이나 전문성도 없어 실적 우려를 갖게 될 것이다.

또 제품 원료를 종전에는 A사의 값싼 제품을 썼는데 소비자의 불만이 늘어 B사의 값비싼 제품으로 바꾸려고 하면 기득권이 사라진다. 따라서 창조적 파괴와 혁신 전략을 추진해 나가면 사전에 공청회, 설명회 등으로 이해관계인의 공감대를 얻어야 한다.

다음은 창조적 파괴의 시기이다.

창조적 파괴 전략이 아무리 급하더라도 아무 때나 하는 것은 아니다. 여기에는 창조적 파괴의 네 가지 징후(도표 22) 등 적시성의 원칙이 고려돼야 한다.

창조적 파괴가 필요한 징후(도표 22)

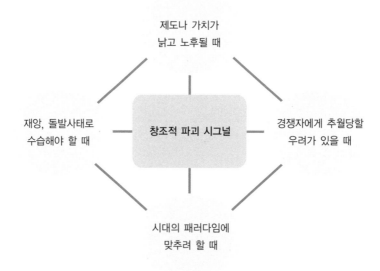

첫째, 현재의 제도나 기술 등의 가치가 낡고 노후되었을 때다.

① 제품의 신용도나 품질이 떨어져 매출액이 줄어들 때

② 조직의 구조나 기술이 노후되어 생산성이 우려될 때

③ 서비스 방식이나 품질이 소비자의 외면을 받고 있을 때

④ 공장건물이나 설비가 노후되고 취약해 안전성이 우려될 때

⑤ 생산제품이 경쟁제품에 비해 경쟁력이 떨어질 때 등이다.

둘째, 경쟁자에게 추월당할 우려가 있을 때다.

① 경쟁사들이 동급동종의 우량 제품을 출시하려 할 때

② 첨단기술이 등장하여 바꾸지 않으면 경쟁사가 먼저 선점할 우려가 있을 때

③ 유능한 인재들이 그만두고 신규 모집을 해도 별로 신청자가 없을 때

④ 하드웨어(Hardware) 기술에 너무 집착하여 소프트웨어(Software) 기술이 낙후되었을 때

⑤ 가성비, 가심비가 경쟁사보다 떨어지고 시장 정보도 어두울 때 등이다.

셋째, 시대적 패러다임에 따르지 못하고 있을 때다.

① 미래 산업이나 아이템에 대해 미처 준비를 못하고 있을 때

② 과거 성공 방식이나 승리 사례에 집착하여 혁신을 기피할 때

③ 기존 제품의 인기가 떨어지고 있는데도 마땅한 신규 아이템을 찾지 못하고 있을 때

④ 가격, 품질 등 이성적 마케팅에 치중해 봤으나 영업실적이 부진할 때

⑤ 특허 등 성공의 덫에 걸려 자만에 빠져 경영실적이 떨어질 때 등이다.

넷째, 재앙이나 돌발사태로 비상한 위기를 맞고 있을 때다.

① 지진, 해일 등으로 공장이나 건물 등이 부서져 인적 · 물적 피해가 났을 때

② 노사갈등으로 공장폐쇄, 공장의 화재나 기계파손 등으로 큰 피해를 입고 재정 위기가 닥쳐오고 있을 때

③ 영업부진, 소비자 신뢰 상실, 재무구조 악화 등으로 회사의 신용도가 떨어져 갈 때

④ 자동차 부품 결함이나 의약품 부작용 또는 전자제품의 화재 위험 등으로 사회적 비난을 받고 있을 때

⑤ 국제무역 마찰 등으로 제품 수출이나 원자재 수입원이 차단될 때 등이다.

04

유해 바이러스가 창의성을 누른다

도대체 인간의 창의성(creativity)이란 무엇일까? 사전적 의미는 '전통적인 사고방식에서 벗어나 새롭고 독창적인 것을 만들어 내는 능력'이다.[10]

이러한 창의성은 언제, 왜 필요한 것일까?

결론부터 말하면 '어떠한 목표를 달성하려고 할 때 어떤 문제를 풀기 어려울 때'이다.

창의적 아이디어가 구현되면 생산성과 신뢰성, 효율성 등이 높아지고 안전성, 공정성, 민주성도 올라간다. 따라서 조직이나 제품의 경쟁력을 향상시킬 수 있다. 그리고 탁월한 창의성은 공공 정책이나 기업 경영에서도 큰 성과로 이어질 수 있다.

---

10) 창의성 : 교육학 용어사전, naver 검색

그러나 조직의 현실 속에는 창의성을 저해하는 요소가 많다.

사람은 심신이 지쳤을 때 활성 비타민을 먹으면 힘이 생긴다. 반대로 질병은 유해 바이러스가 몸에 들어와 넘칠 때 생긴다. 이 원리처럼 조직 운영에서 창의성은 활성 비타민에 해당하고 관료주의 등은 유해 바이러스에 해당된다.

그렇다면 공사 조직에서 무엇이 활성 비타민이고 유해 바이러스(도표 23)인가?

여기서 활성 비타민과 유해 바이러스의 관계는 어떠할까?

우선 활성 비타민은 무엇일까?

① 능력, 실적, 성과주의

② 공정한 시장경쟁 시스템

③ 효율성과 형평성 조화

④ 신기술, 신소재 등 혁신동력

⑤ 긍정, 창의, 도전의식 등이다.

활성 비타민과 유해 바이러스(도표 23)

활성 비타민의 힘	유해 바이러스의 힘
① 능력, 실적, 성과주의	① 구별과 차별의 연고문화
② 공정한 시장경쟁 시스템	② 독과점 등 성공의 덫
③ 효율성과 형평성 조화	③ 구제만능주의
④ 신기술, 신소재 등 혁신 동력	④ 물리적 과잉평균주의 문화
⑤ 긍정, 창의, 도전정신	⑤ 계량적 과잉합리주의 사상

활성 비타민과 유해 바이러스의 역학 관계(도표 24)

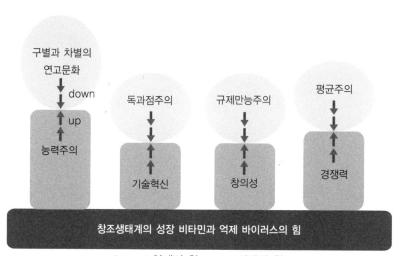

down : 억제의 힘, up : 성장의 힘

반면에 유해 바이러스도 매우 다양하다.

① 구별과 차별의 연고문화

② 독과점 등 성공의 덫

③ 규제만능주의

④ 물리적 과잉평균주의 문화

⑤ 계량적 과잉합리주의 사상 등이다.

이와 같은 양자의 역학관계(도표 24)에 따라서 조직의 경쟁력이 올라가느냐 떨어지느냐에 큰 영향을 미친다. 활성 비타민의 에너지가 유해 바이러스 에너지보다 크다면 창의성이 올라가겠지만,

그 반대라면 창의성이 떨어지게 된다. 따라서 최고관리자가 리더십을 행사할 때는 활성 비타민적 요소를 늘려가고 유해 바이러스적 요소는 줄여가야 한다.

그렇다면 유해 바이러스란 무엇일까?

바이러스는 동식물의 생명체에 기생하며 살아간다. 바이러스는 기생당하는 숙주로부터 영양소를 빨아먹고 살아간다.

이러한 바이러스는 단세포로 구성되어 있고 분열을 하기 때문에 급속히 증가하며 숙주에 퍼져나가 생명을 잃게 할 수 있다. 구제역, 독감, 사스 등은 모두 바이러스가 일으키는 전염병이다.

정부나 공기업, 단체나 협회, 기업과 개인, 학교와 사회 등도 모두 생명체이다. 따라서 여기에 유해성 바이러스가 침투할 수 있다.

다음은 조직의 창의성을 가로막는 유해성 바이러스(도표 25)는 큰 틀에서 다섯 가지가 있다.

첫째, 구별과 차별의 연고문화이다.

인간생태계의 활동 주체들은 상호 인연을 맺고 그것을 기반으로 하여 자신들의 문제를 해결하려고 한다. 바로 학연이나 혈연, 지연이다. 자신과 인연이 있는 사람들은 자기 사람이라는 울타리에 집어넣고 자인권(自人圈)으로 우대하고, 그렇지 못한 사람은 타인권(他人圈)으로 간주하여 홀대를 한다.

창의성을 가로막는 조직의 유해 바이러스(도표 25)

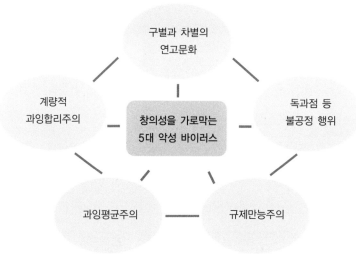

공사 조직에서 사원을 선발할 때 각자의 인연이 능력보다 우선하여 특혜를 준다. 예를 들면 불법이나 탈법적인 방법으로 친인척 채용, 수의계약, 수수료 인하, 불법, 탈법, 상속이나 증여 행위, 심지어 부(富)의 세습까지 저지르기도 한다. 이것이 바로 구별과 차별의 나쁜 문화이다.

한국 사회에서는 공공기관이나 경제계는 물론 교육계, 학계, 법조계까지 모든 영역에서 구별과 차별의 문화는 넓고 깊게 뿌리잡고 있다. 예를 들면 법조계의 전관예우, 공직사회의 관피아, 철피아 등 부정적 악습 등이 이에 해당한다.

둘째, 경제적 독과점주의이다.

독과점 체제가 장기화되면 창조적 에너지의 용출이 가로막힌다.

자본, 기술, 제품, 원료의 독과점 체제 또는 생산이나 공급의 독과점 구조는 공정한 경쟁원리를 가로막게 된다. 따라서 신기술, 신소재 제품을 생산하고 출시를 하려 해도 기왕의 독과점 구조 때문에 시장 진입이 어렵게 된다.

독과점 횡포를 막으려는 공정거래법 등 여러 법령에서 제도적 장치는 마련돼 있다고는 하지만 현실적인 경제시스템 속에서 그 장치의 작동은 운영상 실효성이 떨어진다. 사실 과거를 돌이켜 보면 정부 주도의 성장정책의 그늘 속에 가려져서 각종 인허가, 정책, 금융, 재정, 지원 등 각 분야에서 어느 정도 구조적이거나 독과점 특혜가 용인되어 왔다. 그러나 이러한 독과점 체제의 부작용은 시장실패(Market failure)로 이어져 갔다.

따라서 현재의 독과점 기술이나 제품 또는 소재라 하더라도 그 허용기간은 최대한 줄여야 경쟁체제로 전환될 수 있다.

셋째, 규제만능주의 문화이다.

이는 각종 규제 장치를 통해 문제를 조절, 해결할 수 있다는 것으로 혁신의 장애 요소로 작동된다.

규제법령이나 규제정책이 강하면 강할수록 쇄신이나 혁신의 동력은 떨어진다. 이러한 규제는 불균형 성장 전략을 채택하던 개발도상국 시대에는 어느 정도 용인되었지만 오늘날은 더 이상 그 정당성을 찾기가 어렵다.

그렇지만 한국 사회에서는 또 다른 형태의 유해 바이러스가 창의성을 가로막고 있다. 예를 들면 사회적 포퓰리즘, 복지만능주의, 빈부의 양극화, 정치권의 발목잡기, 불법행위와 부당행위, 부정부패, 집단이기주의, 불법부당한 갑질문화 등이 그것이다.

특히 2000년대 들어서는 소위 경제민주화 바람이 불자 도리어 합리적인 법령 제 · 개정이나 정책 형성까지도 집단적으로 떼를 쓰며 저항하는 등 심각한 포퓰리즘에 빠져 있다. 이 과정에서 소위 '떼법'이 나타났다. 소위 남미 베네수엘라 퍼주기 실정에서 그 교훈을 배워야 한다.

넷째, 과잉평균주의 문화이다.

어느 정치집단이나 압력단체, 심지어 학술단체조차도 정의가 무엇인가에 관하여 각각 목소리를 낸다. 정의의 기준을 스스로 만들고 그에 따라 재단을 한다.

정의를 판단할 때 자신의 정당한 노력으로 부를 이룬 것까지 비난해서는 아니 된다. 목적이 정당하고 기회가 평등하고 과정이 공정하다면 설사 결과가 차등이 나더라도 이는 반정의라고 말할 수 없다.

그렇다면 빈부격차 등 차등의 문제가 발생하면 어떻게 치유를 해야 될까? 그 해답은 소위 차등조건의 원리에서 찾아야 한다. 말하자면 직업교육이나 취업훈련 또는 의료나 주택정책, 고용장려보조금, 기초수급자제도, 상속세, 누진세, 세금공제제도 등의 수단을 통해 보완해야 한다.

소위 과잉평균주의 문화가 너무 만연하면 자칫 사회주의 사상이 침투하여 시장경제의 역동성을 떨어뜨릴 수 있다. 열심히 땀흘리며 일하는 유능한 사람과 게을러서 성과를 내지 못하는 무능한 사람 사이에 소득 배분에 차등을 두는 것은 오히려 당연하다.

이런 뜻에서 소위 '기회는 평등하고, 과정은 공정하며, 결과는 정의로워야 한다'는 말의 뜻도 왜곡해서는 안 된다.

다섯째, 계량적 과잉합리주의 문화이다.

오늘날 대부분의 공직사회나 단체 그리고 기업 분야 등에서는 포퓰리즘적 집단이기주의 문화가 작동하고 있다. 집단주의가 대중적으로 만연하게 되면 자칫 합리주의 문화가 위협받게 된다.

그렇지만 합리주의 의사결정방식이라 할지라도 그에 대한 정당성이 언제나 어디서나 옳다고 인정받는 것은 아니다.

의사 결정의 기초가 되는 각종 정보들의 특징은 동태성, 다양성, 복합성, 초합리성 등에 따라 변하기 때문이다. 왜냐하면 의사결정의 기초가 되었던 정보가 진정 옳을 것이라고 주장을 하더라도 이미 그 정보는 오염 또는 왜곡이 되어 있을 수 있기 때문이다.

따라서 창조생태계에서는 기왕의 정보나 지식에 기초한 합리주의 사상이 역설적으로 타당성을 잃어버리는 경우가 많다. 아이디어나 그 단서는 과학적 합리성에 기초하기보다는 영감이나 직관, 공상이나 상상, 초합리성이나 예단 등에 기초한 경우가 오히려 더 좋은 결과를 가져오는 경우가 많기 때문이다.

　사실 문제 해결의 단서로 착상한 아이디어는 과학자의 책상머리나 전문서적으로부터 나오기도 하지만 문제의식을 가진 보통 사람들의 창의적인 아이디어에서 나오는 경우가 많다.

III. 창조적 아이디어론

01

창조의 씨앗은 아이디어다

"씨앗을 심고 키워야 싹이 트고 열매를 맺을 수 있다."

아이디어는 일종의 생명을 가진 씨앗이다. 따라서 "아이디어 씨앗이 발아가 되어야 무엇인가 자라서 수확을 거둘 수 있다."

아이디어란 어떠한 일에 대한 구상을 말하며 고안, 생각, 착상 등으로 순화하여 쓸 수 있다. 그러나 아이디어와 비슷하게 쓰이는 말도 많다. 영감, 예지, 방법, 지혜, 기술, 기법, 요령, 묘수, 묘안 등이 그것이다. 인간이 생각하고 착상하는 아이디어의 실체에 대한 견해를 여기서는 아이디어의 네 가지 착상 실체(도표 26)에 대해 설명해 본다.

첫째, 아이디어는 정보입자들의 궁합이다.(궁합론)

세상 만물은 아이디어의 보물창고이다. 그런데 보물창고는 비밀

아이디어의 착상 실체(도표 26)

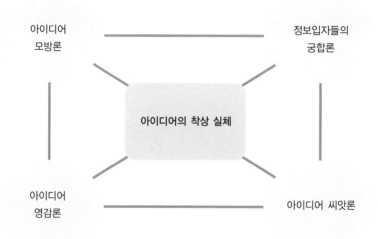

속에 숨겨져 있다. 그 창고 속에는 각양각색의 정보 관련 덩어리
가 얽히고설켜 있다. 정보 덩어리 속에는 생존의 비밀, 생존의 요
소, 영양성분 등의 신비한 원리들이 숨어 있다.

그런데 생존 정보의 상호간 궁합이 맞는 각종 정보입자들끼리
연관지어 만나고 결합하여 뭔가 문제해결의 실마리가 떠오를 때
그것이 바로 아이디어로 착상된다.

여기서 궁합론의 예를 들어보자.

암컷과 수컷이 만나야 수정이 되고 임신이 된다.

산소(O)와 수소(H_2)가 만나야 물(H_2O)이 된다.

둘째, 아이디어는 씨앗이다.(씨앗론)

세상 만물은 살아 움직이는 유기체이다. 세상의 모든 동식물들은 생성과 소멸을 거듭한다. 모든 생명체의 씨앗이 싹을 틔워서 성장하며 결실을 맺게 된다. 따라서 이렇게 말할 수 있다.

"아이디어는 창조의 씨앗, 창조는 씨앗의 열매이다."

여기서 겨자나무씨가 성장하는 원리에 비유해 보겠다.

겨자나무 씨앗의 크기는 매우 작다. 그러나 그 생명력은 엄청 강하다. 개개의 씨앗의 크기는 매우 작을지라도 자라나면 아주 많이 열린다. 척박한 땅이나 좋지 않은 기후에서도 잘 자란다. 겨자의 덩굴은 잘 뻗어가며 줄기도 단단하게 성장해 간다. 또한 수확한 겨자 씨앗은 그 수량이 엄청날 뿐 아니라 의약품, 건강식품용 원료로 유용하게 쓰인다.

그렇지만 겨자 농사는 그냥 이루어지는 것이 아니다. 겨자 농업법에 알맞도록 재배를 하기 때문이다. 아이디어의 씨앗도 그냥 유익한 결실로 이루어지는 것은 아니다. 아이디어도 그 용도에 맞는 창안을 하는 법을 알아야 하기 때문이다.

셋째, 아이디어는 영감이다.(영감론)

인간은 누구든지 각종 경험, 지식과 정보를 가지고 있다. 눈, 코, 입 등 감각기관은 물론이고 학습, 노동 등을 통해 취득한 수많은 각종 정보들을 두뇌 속에 저장한다.

예를 들어 보자. 영국 비틀즈의 'Yesterday'는 멤버인 폴 메카트니가 꿈속에서 얻은 영감을 그대로 악보에 옮겨 작곡한 것이다. 이같은 영감은 흔히 시를 짓고 소설을 쓰고 그림을 그리는 등 창작을 할 때 좋은 아이디어로 떠올라 착상된다. 그렇지만 창작품은 대체로 1%의 영감과 99%의 노력으로 이루어지는 경우가 많다. 이런 의미에서 영감은 아이디어의 단서가 되고 그 단서에 의해 노력으로 일이 성사되는 것이다.

그러나 안타까운 것은 대부분의 사람들은 어느 순간 영감이 떠올라도 그냥 버려지는 경우가 많다. 왜냐하면 영감의 중요성을 모르고 그냥 지나치기 때문이다. 이런 현상을 두고 문제의식이 부족하다고 말한다.

넷째, 아이디어는 모방이다.(모방론)

모방(imitation)은 인간의 본능이다. 모방의 본능은 무엇을 배우고 익히고 고치고 바꾸는 데 크게 도움이 된다. 그러나 인간들은 다른 사람의 작품이나 행태를 따라 배우기도 하고 다른 나라의 제도나 정신 또는 지식을 배워 오기도 한다.

오늘날 자연생태계에 대한 모방 기법이 매우 중요한 아이디어의 원천 중 하나이다. 이것이 생체모방기술이다. 예술창작 세계에서는 특히 모방이 매우 요긴하다. 창작의 기초가 되기 때문이다. 흔히 논쟁의 대상이 되는 것은 모작이다. 남의 창작물을 거의 그대로 베끼는 일이다. 그러나 이것이 모작이냐의 판단은 별개의 사안이다. 사실 '모방은 발명의 어머니'라는 말이 있다. 이 말은 좋은 것을 훔치고 베껴서 새로운 것을 만드는 것이다.

그러나 모방은 단순한 복제와는 다르다.

다음에는 세계적 석학들의 아이디어에 관한 이야기를 들어보겠다.[11]

① 아이디어는 처음 생각해 낸 사람보다는 다른 사람의 머리에 이식될 때 더욱 잘 자란다. (미국 대법관 출신 올리버 웬델 홈스 Oliver Wendell Holmes, 1841~1935)

② 훌륭한 사람은 아이디어를 논하고 보통사람은 이벤트를 논하며 별볼일 없는 사람은 딴 사람 이야기만 한다. (미국 프랭클린 루즈벨트 대통령의 영부인 엘리너 루즈벨트 Anna Eleanor Roosevelt, 1884~1962)

③ 햇빛을 보지 못하는 훌륭한 아이디어가 많다는 것에 대해 저는 늘 놀라고 있습니다. (미국 저널리스트 맬컴 글래드웰 Malcolm Gladwell, 1963~)

그렇다면 모든 아이디어는 다 좋은 것인가? 결코 그렇지 않다. 좋은 아이디어는 목표를 달성하고 문제를 해결하는 데 몇 가지 공통적인 특징(도표 27)이 있다.

---

11) 아이디어에 관한 이야기 : 아이디어 검색, naver 검색

좋은 아이디어의 공통적 특징(도표 27)

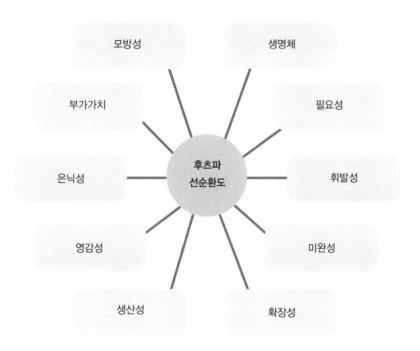

① 경제적 관점에서 좋은 아이디어는 경제적 가치를 높이는 데 기여해야 한다. 예를 들면 생산성, 효율성, 가성비, 가심비 등

② 사회적 관점에서 좋은 아이디어는 사회적 가치를 높이는 데 기여해야 한다. 예를 들면 민주성, 투명성, 공정성, 신뢰성, 책임성 등

③ 정치적 관점에서 좋은 아이디어는 정치적 조정능력 등에

도움이 되어야 한다. 예를 들면 조정과 타협, 중재와 협상, 결단력과 추진력, 정의 구현 등.

④ 규범적 관점에서 좋은 아이디어는 도덕성, 애국심, 애사심, 신앙심 등의 가치를 높이는 데 기여해야 한다. 예를 들면 인내와 자비, 사랑과 소통, 적극성, 창의성, 종교적 가치 등이다.

그러나 아무리 좋은 아이디어라도 그것이 오용되거나 남용되어서는 안 된다.

그렇다면 나쁜 아이디어는 구체적으로 무엇인가? 아무리 좋은 아이디어라도 사용 목적이 불순하여 누굴 해치거나 망하게 하는 데 사용해서는 안 된다. 음모, 흉계, 잔꾀, 잔재주, 속임수, 위장, 저주 등이 그것이다.

그럼 좋은 아이디어 요건은 무엇일까?

① 좋은 아이디어는 생명체가 있어야 한다.(생명체)

대부분 좋은 아이디어의 양태는 하드웨어적 요소도 있고 소프트웨어적 요소도 있으며 두 가지 이상의 정보입자들이 합쳐진 것들도 있다.

그러나 좋은 아이디어가 인간에게 유익해지려면 관련 지식, 경험, 정보, 기술, 디자인, 원료 등과 결합을 할 수 있어야 한다. 그래야만 아이디어는 점점 진화하여 부가가치를 늘릴 수 있기 때문이다.

② 아이디어는 휘발성이 강하다. 따라서 좋은 아이디어가 되려면 착상된 아이디어를 바로 붙잡을 수 있어야 한다.(아이디어 체포)

금방 밭에서 뽑아온 싱싱한 채소도 그냥 놔두면 시들어 버린다. 또 금방 잡은 물고기도 그냥 놔두면 팔팔하지 못하다. 아이디어도 즉시 붙잡아 두지 못하면 금세 날아가 버린다. 따라서 좋은 아이디어로 남기기 위해서는 기록이나 녹음 등을 해 두어야 한다.

③ 좋은 아이디어가 되려면 확장성이 강해야 한다.(확장성)

좋은 아이디어는 품질 좋은 씨앗과 같다. 따라서 좋은 씨앗을 뿌리고 정성껏 키워야 큰 결실을 거둘 수 있다. 이것이 확장성이다. 아이디어는 나누면 나눌수록 점점 커진다. 사실은 원천기술들도 따지고 보면 사소한 아이디어가 점점 진화한 것이다.

④ 좋은 아이디어는 창의성이 있어야 한다.(창의성)

새로 착상된 아이디어가 각광을 받으려면 종전 기술이나 방법보다 더욱 향상된 효과로 나타나야 한다. 이것이 창의성이다. 그렇지만 기초과학이나 원천기술처럼 반드시 독창적일 필요는 없다. 기존 아이디어들을 모방하거나 보완하더라도 더 좋은 효과를 거둘 수 있다면 그것도 좋은 아이디어로 발전시킬 수 있기 때문이다.

⑤ 좋은 아이디어는 세상 만물 속에 많이 숨어 있다.(은닉성)

세상 만물 속에는 알려지지 않은 원리나 법칙 등이 숨겨져 있다. 사람들이 미처 찾지 못하고 있을 뿐이다. 이것이 은닉성이다. 금광을 찾아야 금을 캘 수 있듯이 보물창고를 찾아야 보석도 찾을 수 있다.

최근에는 생태모방기술이나 의료과학기술, 정보통신기술, 유전자조합기술 등의 발전으로 자연생태계에 존재하는 비밀의 생존 원리들을 찾는 데 크게 기여하고 있다.

⑥ 기회의 공정성이다.(기회의 공평성)

누구에게나 아이디어의 발굴, 착안 또는 응용하는 기회가 차별없이 공평하게 주어진다. 누구의 독과점물이 아니기 때문이다. 따라서 문제의식이 있다면 누구라도 좋은 아이디어를 찾아낼 수 있다. 지식인이나 전문가, 고위층이나 실무자, 사용자나 노동자, 남자나 여자 사이에 차별이 없다.

⑦ 아이디어는 자본이며 자산이다.(부가가치)

아이디어가 뛰어나면 그것 자체로 자본이고 자산이 된다. 어떤 아이디어가 문제 해결에 수단이 될 수 있고 실현 가능성과 경제성이 있다고 판단되면 시장에서는 큰 가치를 인정받는다. 아이디어를 개발한 사람과 아이디어 투자에 의향이 있는 사람들끼리 만나 사업화할 수도 있다. 스타트업(Start up) 기업지원제도, 창업보육센터, 창업펀드제도, 기술보증보험 등 제도적 장치가 많아졌다.

⑧ 대체로 좋은 아이디어는 미완성이다.(미완성)

초창기 원시적 아이디어는 생명력은 강하지만 아직은 문제 해결의 단서에 불과하다. 이를 겨자나무 씨앗에 비유할 수 있다. 그러나 여기에 거름과 물을 주고 햇빛을 볼 수 있게 하면 발아되고 줄기가 뻗고 가지가 자라나면 알찬 열매를 거둘 수 있다.

⑨ 모방은 창조의 어머니이다.(모방성)

사람은 모방에서 가장 뛰어난 동물이다. 태어나면서 어머니의 행동을 따르고 커가면서 사회의 모든 것으로부터 지혜를 배운다. 흔히 모방은 창조의 어머니라고 한다. 또 모방은 발명의 어머니라고도 한다.

대표적인 것이 생태모방기술이다. 이것은 동식물의 구조나 행태에서 일정한 원리를 찾아내 그것을 과학적 방법으로 분석하고 응용하는 것이다. 응용과학은 기초과학의 원리를 응용하는 것이고 응용기술은 원천기술을 응용하는 것이다. 따라서 아이디어의 원천이나 벤치마킹은 일종의 모방과정이다.

⑩ 좋은 아이디어는 수요가 있어야 한다.(필요성)

좋은 아이디어가 되려면 수요가 있어야 한다. 그래서 필요는 발명의 어머니(necessity is the mother of invention)라고 한다.

에디슨은 이렇게 말하고 있다.[12]

"나는 발명을 계속하기 위한 돈을 얻기 위해 늘 발명을 한다."

발명은 찾는 사람이 있어야 하듯 아이디어는 수요가 있어야 그 가치가 있는 것이다.

---

12) 에디슨의 아이디어에 관한 아이디어 : naver 검색

02

아이디어의 창고는 세상 만물이다

그렇다면 창조적 아이디어는 어디서 많이 찾을 수 있는가?

"이러한 아이디어는 어디에서 그리고 언제 많이 나올까?"

결론부터 말하면 "아이디어의 보물창고는 세상 만물이다."

태양과 달, 나무나 풀, 새나 고기, 사건이나 사고, 경험이나 정보 등은 모두 아이디어의 보물창고이다.

그러나 자연생태계의 보물창고에는 모두 비밀번호가 숨겨져 있다. 게다가 인간들은 그 비밀번호를 알지 못한다. 하지만 사람들이 그 비밀창고를 알아 열 수 있다면 그 속에서 수많은 아이디어를 생각해 낼 수 있을 것이다. 금광을 캐내려면 그 광맥을 찾아내야 하고 물고기를 잡으려면 강이나 바다로 가야 한다. 좋은 아이디어를 찾을 때도 이와 유사하다.

그렇다면 좋은 아이디어는 어디에서 또한 어느 때 많이 찾을 수

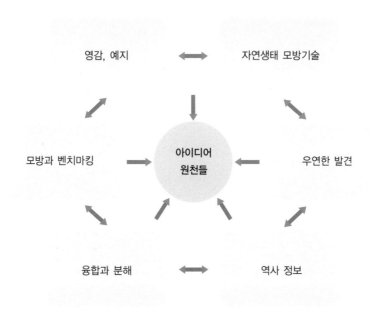

좋은 아이디어 원천은 어디인가?(도표 28)

영감, 예지 ⟷ 자연생태 모방기술

모방과 벤치마킹 → **아이디어 원천들** ← 우연한 발견

융합과 분해 ⟷ 역사 정보

있을까? 대체로 좋은 아이디어 원천(도표 28)은 여섯 가지로 생각해 볼 수 있다.

첫째, 사람의 영감과 예지에서 나온다.

사람들은 꿈을 꾸거나 일상생활 중에 문득 머리에 떠오르는 생각이 있다. 이것이 영감 또는 예지인데, 그 정체는 이성적으로 해명하기에는 힘들다. 그렇지만 사람들은 자신의 직업이나 소원 등과 관련하여 문득문득 또는 꿈속에서 그 해법이 떠오르는 경우가 있다. 영감이나 예지가 다양한 지식, 정보, 이성, 감성, 정보 등과 결합하면 훌륭한 아이디어로 발전해 갈 수 있다. 꿈속 영감이 현실에서 구현되기도 한다. 비틀즈 멤버인 폴 메카트니가 1965년 어느 날 꿈 속에서 아름다운 선율을 들었다. 그는 잠을 깬 후 즉시 악보에 그 선율을 옮겼다. 이것이 비틀즈의 명곡 'Yesterday'다.[13]

사람들이 체득하는 영감이나 예지는 시대와 지역을 초월하여 나타나지만, 성질상 휘발성이 매우 강하기 때문에 날아가 잃어버리게 된다. 따라서 영감이나 예지의 자원 관리를 위해 바로 기록, 녹음, 그림 등으로 붙잡아 둬야 한다.

그러나 무엇보다도 중요한 것은 문제의식이다. 대체로 문제의식은 호기심에서 나온다. 대상에 대한 궁금증이 강하면 강할수록 무엇인가 알아보자. 모르면 질문을 하고 또 모르면 계속해서 질문을 한다. 문제의식이 강한 민족은 유대인이다. 유대인의 호기심은 탈무드(Talmud)에 영향을 받아 그들의 생활 속에 그대로 스며들어 있다고 한다.

둘째, 자연생태 모방기술(도표 29)이다.

자연생태계의 구조와 작동 원리를 알고 나면 그 원리에서 기발한 아이디어를 많이 찾아낼 수 있다. 동물이나 식물들의 신체적

---

13) 비틀즈의 명곡 yesterday : naver 검색

구조나 모양, 본능이나 양태 등 모든 것은 우연히 생긴 것이 아니다. 생존환경에 적합하도록 진화한 것이다.

① 군사용 전차의 외피는 매우 강하고 단단해야 한다. 전복 껍데기는 구조가 단단하여 쉽사리 깨지지 아니한다. 이런 물질의 원리를 응용하여 탱크의 외피를 만들었다.[14]

② 이순신 장군은 해상 전투함인 거북선을 만들었는데, 이것을 착안한 단서는 바다를 자유롭게 유영하는 거북이의 모양을 모방한 것이라고 한다.

③ 스위스 발명가 게오르그 드 메스트랄(George de Mestral, 1907~1990)은 사냥을 하다가 우연히 산우엉 열매가 개의 털에 붙어 있는 것을 보았다. 이 점을 착안하여 찍찍이(벨크로

생태모방기술 응용사례(도표 29)

자원	응용사례
고어텍스[15] (Gore-tex)	고어텍스의 설계는 연꽃잎이나 뱀의 피부가 물에 젖지 않는 현상에서 창안하였다. 연잎과 뱀 피부의 표면구조는 미세한 돌기체로 되어 있기 때문에 물방울이 잘 미끄러진다.
신칸센 초고속열차[16]	일본 신칸센 초고속열차의 디자인은 물총새에서 착안했다. 물총새가 고기를 잡기 위해 물속으로 빠르게 돌진하는데도 거의 소음이 없다는 점에 착안하였다. 다시 말해 물총새의 몸체, 부리, 털의 표면, 자세 등을 모방한 것이다.

테이프)를 만들었다.[17]

오늘날은 IT, NT, BT, AI 등의 첨단기술이 발전했기 때문에 생체의 비밀 정보를 풀어내는 데 크게 도움을 주고 있다. 오늘날 생체모방기술은 산업화에 크게 기여하고 있다.

셋째, 우연한 발견(serendipity)이다.

인류의 과학사에는 우연한 발견이 많다.

① 아르키메데스(Archimedes)의 부력 발견, ② 아이작 뉴턴(Isaac Newton)의 중력법칙 발견, ③ 월러스 캐러더스(Wallace Carothers)의 나일론 발명 등은 우연한 발견에서 착안되었다.

그러나 우연은 공짜로 이뤄지는 것은 아니다. 대다수의 과학자들은 세상 만물을 볼 때 그저 멍하니 바라보지 않는다. 항상 직업의식(문제의식)을 가지고 세상을 바라본다. 따라서 우연한 발견이라 할지라도 그것은 준비된 자에게 주어지는 일종의 행운이라 할 수 있다.

몇 가지 예를 들어보자.

14) 전복 껍데기로 탱크 외피를 만든다 : 지식백과 kisti의 과학기술칼럼 2003년 10월 29일 작성, naver 검색
15) 고어텍스 : 나무위키, naver 검색
16) 신칸센 초고속열차 : 지식백과, naver 검색
17) 찍찍이 발명, 개털에 붙은 산우엉 열매, naver 검색

① 페니실린의 우연한 발견(1928년)[18]

영국 알렉산더 플레밍(Alexander Fleming)은 연구소에서 포도
상구균을 배양하는 용기를 실수로 열어 놓은 채 휴가를 다
녀왔다. 휴가를 마치고 돌아와 놀라운 사실을 알게 되었다.
실험실 용기에서 종전에는 전혀 볼 수 없었던 이상한 현상
을 본 것이다. 여기서 푸른곰팡이 주변에서는 포도상구균이
자라지 못한다는 것을 알게 된 것이다. 여기에 착안하여 푸
른곰팡이 성분 중에는 페니실린이라는 물질이 있는데 이 성
분이 박테리아의 성장을 억제한다는 것을 알아낸 것이다.

② 성냥의 우연한 발견(1826년)[19]

영국의 존 워커(Sir John Ernest Walker)는 약국을 경영하며 종
종 화학실험을 하였다. 그때마다 "화학실험을 하려면 불이
꼭 필요한데 어떻게 해야 불을 쉽게 얻을 수 있을까?" 하고
고민하였다. 그러던 어느 날 천조각에 황화안티몬, 염소산
칼륨, 유황을 풀에 섞어 발라 놓았다. 그런데 유황을 바른 천
을 난로 옆에 두었는데 우연히 쉽게 불이 붙었다. 이 점에 착
안하여 마찰 성냥이 발명되었다.

③ X선의 우연한 발견(1895년)[20]

---

18) 페니실린의 우연한 발견 : 지식백과 인류를 위한 항균 제품들, naver 검색
19) 성냥의 우연한 발견 : 지식백과, 상담학 사전, naver 검색

독일의 물리학자 뢴트겐(Wilhelm Konrad Rontgen, 1845~1923)은 빛의 파장이 자외선보다 짧은 전자기파를 발견하였는데, 이 것이 X선이다.

뢴트겐이 음극선관을 검은 종이로 덮어 놓았는데 우연히 이 상한 빛이 검은 종이를 뚫고 나오는 현상을 목격해 이것을 착안하여 X선이 탄생하게 되었다. X레이 촬영기술은 이러한 X선의 투과성에서 착안한 것이다.

넷째, 역사적인 정사나 야사, 신화와 전설, 전통의학과 민간요 법, 지명과 어원 등에서 착안할 수 있다.(역사 정보)

아이디어의 실마리는 종종 역사적 사건, 설화, 민요 등에서 찾 아낼 수 있다. 또한 전통 민간요법에서 착안하여 화장품, 의약품, 건강식품을 만들었다.

금석학에서는 고비석에 새겨진 글씨나 그림 등을 해독하여 역 사적 사실을 규명하기도 한다. 고로쇠나무 수액이 뼈관절 치료에 좋다는 것도 민간처방이다. 북한산 신라진흥왕 순수비를 해독하 여 신라의 북방정벌설을 뒷받침하였다.

몇 가지 예(도표 30)를 들어보자.

---

20) X선의 우연한 발견 : 지식백과, naver 검색

역사 · 문헌 · 민간요법 응용사례(도표 30)

자원	응용사례
온천 관련 이야기	경남 백암온천은 옛날부터 피부병 등에 좋다고 알려져 있다. 부상당한 노루나 조류가 온천물에 담그고 상처가 나았다고 한다. 이에 착안하여 온천물의 성분 등을 조사 분석해 봤더니 효과가 있음이 확인되었다.
인삼, 구기자, 오미자 등 약초	옛날부터 인삼, 구기자, 오미자 등 약초는 자양강장제나 노화를 예방하는 약제로 쓰여져 왔다. 전문기관에서 조사 분석해 봤더니 고혈압, 당뇨 등 성인병 치료에 탁월한 효과가 있음이 확인되었다.

다섯째, 융합과 분해 기법이다.

세상 만물 속에는 사람들이 미처 알지 못하는 비밀이 숨어 있다. 광물질, 소재, 원료, 원리, 공법, 기술, 약리 성분, 영양소, 염료 등에 관한 각종 비밀이다.

과학적 방법으로 서로 다른 성분의 물질을 융합하거나 복합하면 신물질을 얻을 수 있다. 이와는 반대로 단위 물질 속에 함유된 특정한 성분들을 추출하는 데 성공하면 그로부터 유용한 약효나 건강식품의 성분을 찾아낼 수 있다.

오늘날 합금이나 합성기술로 고부가가치 신물질을 만들어 내고 있다. 스테인레스, 알루미늄, 티타늄, 나일론, 폴리에스터, 플라스틱 등은 모두 그런 물질이다.

또한 각각 약리효과가 있는 다양한 성분들을 합성시켜서 더 좋은 치료효과가 있는 신약을 개발하고 있다. 종합비타민, 종합감기약, 소화제, 진통제 등이 그것이다.

이와는 반대로 어떤 단위 물질을 분해해서 또 다른 신물질을 얻을 수 있다. 이것을 소위 해리(dissociation)라 한다.[21] 대부분의 화합물은 각각의 분자, 원자 또는 이온 등으로 구성되어 있다. 이것을 해리 방식으로 분해하게 되면 독립된 신물질이 나온다.

염산(HCl)은 H+(수소)와 Cl(염소)로 각각의 이온으로 나눠진다. 물은 H_2O이다. H_2는 수소, O는 산소다. 따라서 수소는 물을 분해해서 얻을 수 있다. 지구상에 존재하는 엄청난 물속에서 무한한 수소자원을 얻을 수 있다. 오늘날 수소자동차의 경제성을 높이는 데 크게 기여하였다.

몇 가지 예(도표 31)를 들어보자.

융합과 분해의 응용사례(도표 31)

자원	응용사례
레미콘	시멘트, 자갈, 모래, 물 등을 일정한 비율로 융복합하게 되면 더욱 부가가치가 높은 건설 자재용 레미콘을 생산할 수 있다.
비타민C	레몬, 귤 등의 성분에는 비타민C가 다량 함유되어 있다. 이것을 의학적 기술로 추출하면 부가가치가 높은 천연비타민을 얻을 수 있다.

여섯째, 모방이나 벤치마킹을 하는 것이다.

모방은 창조의 어머니라고 한다. 큰 노력이나 큰 돈을 들여야 좋은 아이디어가 나오는 것은 아니다. 따라서 발명의 착안에서는 무엇보다도 모방(imitation)이나 벤치마킹(benchmarking)이 매우 널리 쓰인다. 다양한 산업분야에서 이미 검증된 기술, 원리 및 노하우를 차용하여 다른 영역에 응용을 해 보는 것이다.

신차를 설계할 때 세계적 명차들의 장점만 수집하여 벤치마킹한다. 벤치마킹의 형태는 다양하다.

① 가격에 비해 품질을 높이거나 줄이는 것

② 큰 것은 작게 하고 작은 것은 크게 하는 것

③ 액체는 고체로, 고체는 액체로 바꾸어 보는 것

④ 색상이나 디자인을 바꿔 보는 것

⑤ 나무를 금속으로 바꿔 보는 것

⑥ 강도나 순도를 늘리거나 줄이는 것

⑦ 고가 제품을 중저가로 생산하는 것 등

이미 생활용품 중에는 다른 분야에서 성능이나 기술이 검증된 것들이 많다.

오늘날 생활용품 중 히트상품이 많다. 미니 손선풍기, 손난로, 휴대용 혈당기, 무선 충전기, 무선 이어폰 등이 그것이다. 모방과

---

21) 해리(dissociation) : 지식백과, 두산백과, naver 검색

모방과 벤치마킹의 응용사례(도표 32)

자원	응용사례
항공기 ABS 브레이크[22] (Anti Lock Brake System)	원래 ABS 브레이크는 항공기의 안전한 이착륙을 위하여 개발되었다. 이 브레이크는 눈길, 빗길 등에도 비교적 안전하다. 오늘날 자동차 브레이크 시스템은 항공기 ABS 브레이크의 원리를 차용하여 쓰고 있다.
전기자동차 배터리 교체효과	전기자동차 배터리 용량을 늘리려고 무작정 크게 만들 수는 없다. 그 대신 전기배터리를 교체형으로 만들면 되기 때문이다. 비행기 주요 소모품을 교체하여 쓰는 데서 착안하였다.

벤치마킹의 응용사례(도표 32)는 얼마든지 있다.

그렇다면 창의적 아이디어는 어느 때 많이 찾을 수 있을까?

좋은 아이디어는 아무 때나 많이 나오는 것은 아니다. 머리를 싸매고 골똘히 생각해도 떠오르지 않는가 하면, 어느 때는 순식간에 상상하지 못할 아이디어가 포착되기도 한다. 다시 말해 어떤 계기나 상황이 발생하면 그곳에서 유익한 지혜를 얻을 수 있다. 대체로 여섯 가지 경우(도표 33)이다.

① 상상과 공상을 할 때
② 사건사고가 일어날 때

22) 항공기 ABS 브레이크 : 지식백과, basic 고교생을 위한 물리용어사전, naver 검색

창조적 아이디어가 많이 떠오를 때(도표 33)

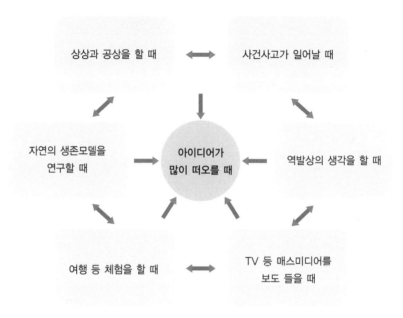

③ 역발상의 생각을 할 때

④ TV 등 매스미디어를 보고 들을 때

⑤ 여행 등 체험을 할 때

⑥ 자연의 생존모델을 연구할 때이다.

이처럼 창의적 아이디어가 많이 떠오를 때는 다음과 같다.

첫째, 공상, 상상, 꿈, 역발상 등과 같은 진지한 사유로부터 많이 구하기도 한다.

공상 과학소설이나 우주과학 영화 등을 보면 미래 세상에 대한 상상력으로 미래 비전을 경험하는 꿈을 꿀 수 있다.

인간들의 진지한 통찰과 상상, 초합리성, 공상 등 감성자원들이 이성, 과학, 원리, 경험 등 이성자원들과 융합하면 어느 순간 영감 속에서 쓸모있는 아이디어로 뭉쳐서 착안된다.

'꿈은 이루어진다'라는 말이 있다. 꿈을 꾸며 목표를 향해 갈 길을 정하고 그것을 위해 노력하면 이루어진다는 뜻이다. "과거에는 인간이 달에 갈 수 없을까?" 상상을 했었지만 이미 이루어졌다. 몇 가지 예(도표 34)를 들어보자.

공상, 상상, 꿈을 생각할 때(도표 34)

자원	응용사례
비행기 발명	하늘을 날아가는 새를 보고 라이트 형제가 새에 대한 호기심에서 비행기 개발에 관한 착안을 하였다.
우주선	우주공간에 떠 있는 별, 달, 해 등에 대한 호기심이 있다. 저기에 생물이 있을까? 공기나 물은 있을까? 이러한 호기심이 우주선을 행성들에 보내서 그 비밀을 풀어가고 있다.

둘째, 의학적 임상실험이나 물질 합성과정에서 예기치 못한 사건사고, 실패와 부작용이 일어날 때(도표 35) 전혀 기대하지 못했던 아이디어의 단서를 발견하기도 한다.

시행착오와 사건사고가 일어날 때(도표 35)

자원	응용사례
비아그라의 발견[23]	비아그라는 원래 심장병 치료제로 개발하기 시작하였다. 그렇지만 임상실험 과정에서 엉뚱한 부작용이 일어났다. 심장병 치료효과는 별로 없었다. 반면에 성기능을 좋아지게 하는 효과가 나타났다. 이에 따라 제약사 화이자는 당초의 개발 목표를 바꾸어 성기능 강화제로 개발하였다.
안전유리의 개발[24]	프랑스 베네딕투스는 자동차 유리가 파편으로 깨지는 것을 보았다. 여기서 그는 안전유리를 개발하기로 마음먹었다. 그러나 실패를 거듭하였다. 그러던 어느 날 고양이가 선반 위로 올라갔는데 플라스크 용기를 건드려 밑으로 떨어뜨렸다. 그런데 용기가 깨지지 않고 금만 조금 갔다. 셀룰로이드 용액이 담겨져 있었기 때문이다. 이에 착안하여 안전유리를 개발하였다.

3M사의 메모지 포스트잇(post-it)의 예를 들어보자.[25] 사무용품을 제조하는 미국의 다국적 기업인 3M사는 당초 강력한 접착제를 개발하였으나 실패하고 말았다. 그런데 경영진은 실패한 접착제에서 또 다른 장점이 있다는 걸 깨달았다. 비록 접착력은 강하지 못했지만 끈끈함이 적당하였다. 여기서 붙이기도 쉽고 떼기도

---

23) 비아그라 발견 : naver 지식백과
24) 안전유리의 개발 : naver 지식백과
25) 3M사의 메모지 포스트잇 : 지식백과, 발명상식사전, naver 검색

쉽다는 점에 주목했다. 이 점에 착안하여 생각을 바꿨다.

"붙였다 떼었다 할 수 있는 메모지를 만들면 어떨까?"

이것이 오늘날 대중화된 포스트잇이다. 이는 시행착오에 따른 학습의 결과물이다. 시행착오는 또 다른 교훈이 된다. 시행착오로 발견한 문제점을 극복하기 위하여 새로운 방법을 찾아내기 때문이다.

셋째, 역발상을 해 보면 기발한 아이디어(도표 36)를 찾을 수 있다.

여기서 역발상이란 통상의 원리나 방식으로 문제를 해결하기보다는 그와 정반대 되는 원리나 방법으로 접근해 보는 것을 말한다.

역발상의 사고로 통해 볼 때(도표 36)

자원	응용사례
성경 마태복음 42, 46	건축자들이 버린 돌이 모퉁이의 머릿돌이 된다. 역발상의 대표적인 예다. 통상의 건축가들은 못난 돌은 쓸모 없다고 그 돌을 버렸다. 그러나 다른 사람은 그 돌을 주워 집모퉁이의 머릿돌로 사용했다. 결국 귀한 것을 얻은 셈이다.
쓰레기가 자원이다	인분, 분뇨 등은 그냥 버려지지만 오늘날은 바이오 에너지 자원으로 쓰이고 플라스틱, 유리병도 모두 자원으로 활용된다. 심지어 폐기된 플라스틱으로 석유를 수출하기도 한다.

옛말에 타산지석(他山之石)이라는 말이 있다. 다른 사람의 산지에 나쁜 돌이 많으면 악산으로 여긴다. 그러나 역발상을 해 보면 보통의 나쁜 돌도 오히려 매우 유용하게 쓸 수도 있다. 왜냐하면 옥돌을 가는 데 쓸모가 있을 수 있기 때문이다.

몇 가지 역발상 사례를 들어보자.

① 이태리 타월의 사례다.[26]

　　통상 목욕탕용 타월은 부드러운 면으로 만들었다. 1960년대 부산에 사는 김 아무개 씨는 이태리에서 목욕탕용 수건천을 수입하였다. 그러나 이 천은 나이론(혼방천)이 많이 섞여 있어서 매우 까칠까칠하여 별로 쓸모가 없었다.

　　여기서 역발상이 떠올랐다. 차라리 등때밀이 타월로 하면 어떨까 하는 생각이었다. 역발상이 적중하여 날개 돋친 듯 팔렸다.

② 일반적인 상식은 추운 나라에서는 에어컨이 필요 없다고 생각하는데 러시아에 수출한 사례이다.[27]

　　A전자 회사는 고정관념을 깼다. 러시아도 4~5개월은 여름이다. 이러한 역발상으로 러시아에 에어컨을 수출하였다.

---

26) 이태리 타월 : 이태리 타월 1962, 지식백과, 한국의 생활 디자인
27) 에어컨은 추운 나라에서 필요없다 : 영하 30도 겨울 러시아에 냉장고 에어컨을 팔다
　　(2016년 9월 9일 이 세상 프로 이야기) daum 검색

의외로 러시아인은 추위에는 강하지만 더위는 참지 못한다. 그래서 에어컨이 날개 돋친 듯 팔렸다. 결국 러시아에서 에어컨 시장 점유율을 크게 높였다.

③ 열사의 나라 중동 두바이에 인공 스키장을 설치한 사례이다. 보통 사람들은 중동 두바이 지역에는 스키장이 필요없다고 생각한다. 그러나 이에 관해 B사는 역발상을 해 봤다. 중동 사람들은 눈과 얼음 그리고 스키에 대하여 잘 모르기 때문에 오히려 장점이 될 수가 있다. 이런 역발상으로 두바이 지역에 인공얼음, 인공눈으로 실내 스키장을 만들었다. 사막도시의 더위에 지친 현지인들에게 크게 인기를 끌었다.

넷째, 일부 학자들은 TV를 바보상자라고 하지만 오늘날 TV는 정보의 바다이다. 따라서 바보상자라기보다는 지혜의 원천이 될 수가 있다.

정보수단은 다양하다. TV, 라디오, 신문, 전화, 스마트폰, 인터넷 등이다. 정보매체들은 의식주에 관한 정보는 물론 의료 정보, 고용기술, 법령, 상품, 시장 등에 관한 크고 작은 정보의 바다인 셈이다.

오늘날 대부분의 사람들은 커뮤니케이션(communication)이 홍수를 이루는 환경에 살고 있다. 취득한 정보가 유익한가, 유해한가는 별개의 문제이다. 정보의 진위 여부 등의 판단은 각자 몫이다.

매스미디어는 사건사고를 취재하고 비판을 하기도 하지만 동시에 그것에 대한 문제점과 함께 해결책까지 제시하기도 한다.

언론의 심층취재 보도프로그램은 사회적 어젠다(Social Agenda)를 발굴해 내고 그것을 집중 보도하여 공공의 어젠다(public Agenda)로 이끌어 간다. 이러한 과정에서 그 문제 해결을 위한 각종 아이디어가 쏟아져 나오기도 한다.

인터넷, TV나 신문, 잡지 등은 국민에게 정보에 대한 욕구를 충족시켜 줄 뿐만 아니라 새로운 지식이나 기술 또는 아이디어를 주고받도록 역할을 해 준다. 쌍방간 의사소통의 중요한 창구이기도 하다. 따라서 문제의식을 가지고 매스미디어를 바라본다면 그로부터 유익한 아이디어를 얻을 수 있다.

다섯째, 사람들은 문화나 기술, 종교 또는 기후가 다른 지역을 돌아다닌다.

관광, 여행 등을 하며 다른 각도에서 종전의 것들과 다르게 바라보고 체험을 하게 된다. 선진국 견학, 배낭여행, 생산지 방문, 제조공장 견학 등은 모두가 아이디어를 착안할 수 있는 유익한 교육프로그램이다.

그러나 해외 견학과 같이 그냥 건성으로 보는 것만으로는 부족하다. 말하자면 직접 체험과 경험을 해 보면 좀 더 진지한 아이디어를 얻을 수 있다. 세계 각국의 도시 이곳저곳을 여행하며 먹어

보고, 만져 보고, 즐겨 보고, 사기도 하고, 타보기도 하고, 물어보고, 느껴보고, 만들어 보는 등의 직접 체험은 좋은 경우이다. 이러한 체험 과정에서 보다 많은 아이디어를 다른 문화 속에서 착안해 볼 수 있다. 길거리 음식 메뉴, 신모델 신상품의 종류, 유행하는 의류, 관광지 체험 프로그램, 세계적 해수욕장 체험 등이 있다. 또 다른 예를 들어보자.

① 미국 뉴욕시는 인구가 800만 명인데 쥐는 600만 마리라고 한다. 이를 퇴치하기 위해 알코올 쥐덫을 개발하여 좋은 성과를 거두고 있다.

② 볼리비아 수도 라파스는 안데스 고지대에 자리하고 있어 케이블카를 대중교통 수단으로 사용한다.

③ 홍콩은 구릉지에 주요 시설과 주택 등이 산재해 있어 교통 처리에 고민하였다. 여기서 대중교통 수단으로 에스컬레이터와 무빙워크를 많이 건설하였다.

여섯째, 좋은 아이디어를 자연생태계의 생존 양태에서 얻을 수 있다. 위기는 기회이다. 죽느냐 사느냐 성공하느냐 실패하느냐의 기로에 처할 때 그것을 극복하기 위해 다양하게 궁리를 하게 된다. 위기 상황 속에서 문득 지혜가 떠오르고 힘이 솟구치게 된다.

동식물의 경우를 보자. 위기 상황이 닥치면 위기 대응 본능이 작동한다. '미모사'라는 식물은 살짝만 스쳐도 마치 죽은 잎처럼 늘어진다. 이와 같이 위기 상황 속에서 죽은 척 위장하는 것은 일종의 속임수이다.

자연생태계의 생존수단은 다양한 형태로 진화해 왔다. 공생관계형, 기생관계형, 천적관계형. 도피회피형, 위장관계형 등이다.

인간 사회도 자연생태계의 생존 유형에서 생존의 지혜를 배울 수 있다. 이와 같은 위기 상황에 닥치면 동식물들도 지혜를 얻게 된다.

03
아이디어 설계과정이 창안4법이다

사람이 새집을 지으려고 하면 먼저 설계부터 시작한다. 건축주와 설계자는 소정의 6하원칙에 충실하여 기본계획과 기본설계를한다. 이어서 규모, 면적, 용도, 예산, 기간 등에 관한 실시설계를한다. 마지막으로 건축주와 시공자는 그 실시설계를 바탕으로 시공하여 준공을 하게 된다.

세상 일은 마찬가지다. 아무리 뛰어난 아이디어를 가지고 있더라도 그것이 실행되지 않으면 소용이 없다.

소위 '아이디어 창안4법'은 이러한 아이디어를 구현해 가는 설계과정이다. 오늘날 세계 각국은 제4차 산업혁명에서 치열한 경쟁을 벌이고 있다. 따라서 제4차 산업혁명의 핵심과제는 우선 '좋은아이디어를 찾아 완성도 높은 방법으로 창안해 가는 일'이다.

'좋은 아이디어'는 생산성, 안전성이 높은 첨단기술이나 소재를 만들어 내는 데 기초가 된다. 첨단기술이나 소재는 전후방 파급효과가 매우 크다. 여기서 이러한 파급효과에 대한 예를 들어 보자.

① 핵분열의 원리를 응용하여 원자력 발전소를 만들고 핵무기도 만들었으며, 또한 방사선은 악성 종양을 치료하는 데 이용되고 있다.

② USB(이동형 데이터 저장매체)의 발명 동기는 매우 단순하다.

이스라엘의 도브 모란(Dov Moran)은 휴대용 컴퓨터가 자주 고장나 저장된 데이터를 많이 잃어버렸다. 여기서 착안을 해 USB를 만들었다.

그럼 아이디어 창안은 어떻게 설계해야 할까?

개략적으로 4단계 절차를 거치게 되는데, 이것이 아이디어 '창안 4법'이다. 즉 ① 문제의식의 발동 → ② 아이디어 개념설계 → ③ 아이디어 기본설계 → ④ 아이디어 실시설계이다.

그렇지만 아이디어 창안설계의 4단계가 각각 완전히 독립하여 구분되어 있는 것은 아니다. 동시에 이루어지거나 시차를 두고 이루어지며, 혼용되거나 겹쳐 있는 경우가 많다.

다음에는 아이디어 창안4법(도표 37)에 대한 일반론을 알아보겠다.

제1단계 아이디어는 문제의식에서 나온다.(아이디어 착안단계)

여기서 문제의식이란 관찰자가 무슨 대상을 바라볼 때 그 실상

아이디어 창안4법(도표 37)

제1단계 〈문제의식〉	제2단계 〈개념설계〉	제3단계 〈기본설계〉	제4단계 〈실시설계〉
아이디어 착안 (아이디어 체포)	아이디어 즉시 검토 (기본구상)	아이디어 발효성숙 (기본계획)	아이디어 창안 (아이디어 구현)
(아이디어 원천) ● 아이디어 소재 발굴과 선별 필요 ● 영감과 예지, 생태모방, 우연한 변경	(기본설계 항목) 기본구상은 입지와 규모, 기간 등 6하원칙에 의거 작성 검토. 실현 가능성 검토	(기본계획 항목) ● 입지, 용도, 규모, 기간, 소요예산 등 기본계획 확정 ● 사업계획의 타당성, 경제 성, 효율성, 안전성 검증	(실행계획 내용) ● 아이디어 실 행과 활용 방안 강구 ● 아이디어 실행, 특허, 신기술, 시공 등록, 수요자 검증
융합과 분해, 모방, 변화, 역사정보 등 아이디어에 대한 착안과 포착	대강의 기본구상으로 대체로 6하원칙에 따라 정리	대체로 사업계획의 수립 항목들 (개념, 대상, 종류, 성질 효과, 장단점 등)에 따라 작성	기본계획에 대한 구체적 실행계획 수립, 경제성, 수익성, 공익성, 타당성 등

은 어떠하고 문제는 무엇이고 해법은 무엇인가를 진지하게 고민하여 해 보는 것을 말한다. 왜냐하면 아이디어가 많이 떠오르는 것은 문제의식으로 대상을 바라볼 때 가능하기 때문이다.

참고로 창안4법에 대한 이해를 돕기 위해 일본 오바타쵸 어업

일본 오바타쵸 어업협동조합의 겨울철 성게 양식 성공사례(도표 38)[28]

단계별	구현 내용
〈1단계〉 문제의식의 발동 (아이디어 소재 착안)	● 원래 성게 양식어업 활동기는 주로 4~7월이다. 왜냐하면 겨울철은 성게 먹이인 해초가 부족하기 때문이다. ● 따라서 조합측은 겨울철 성게 어업을 어떻게 해야 가능할지에 대하여 늘 고민해 왔다. 이것이 문제의식으로 아이디어의 소재의 착안이다.
〈2단계〉 아이디어 체포와 즉시검토 (아이디어의 우연한 발견과 개념설계)	● 어느 날 조합원 A씨는 양식장을 거닐다가 우연히 성게들이 폐기된 양배추를 먹고 있는 것을 보았다. 호기심에 또 다른 양배추를 던져 주니 성게들이 쏜살같이 달려들어 먹어댔다. ● A씨는 그 광경을 유심히 보고 나서 이런 생각을 했다. 양배추는 겨울철에는 구하기 쉽고 가격도 저렴했다. 그렇다면 성게 먹이로 양배추를 주면 어떨까? 이것이 아이디어의 발견과 체포로 일종의 개념설계다.
〈3단계〉 아이디어 기본계획 (아이디어 기본설계)	● 조합 측에서는 겨울철 성게 먹이로 양배추를 주는 것이 가능한지 곧바로 검토하였다. 실험 결과 성게의 품질도 꽤 좋고 무게도 실하다는 결론을 확인했다. ● 실현가능성과 안전성이 입증된 셈이다. 이것이 겨울철 성게 양식에 관한 기본계획이다.
〈4단계〉 아이디어 실행계획 (아아디어 실시설계)	● 그러나 겨울철 성게 먹이로 양배추가 공식적으로 타당한지를 인정받아야 한다. ● 실현가능성, 경제성, 안전성, 타당성 등에 관해 전문기관에 검토를 의뢰했다. ● 겨울철 양배추를 사용하니 음식물 쓰레기 처리비용 절감, 겨울철도 양식 가능, 성게 양식업 소득증대 등 1석3조의 효과를 얻을 수 있다. ● 이상이 실시계획이다.

협동조합의 겨울철 성게 양식에 관한 사례(도표 38)를 들어봤다.

문제의식의 예이다.

① 의사나 약사가 환자를 대할 때 증상은 어떠하고 병명은 무엇이고 그리고 어떤 방법으로 치료할지를 고민해 보는 것, 이것이 의사의 직업의식이다.

② 공직자는 사회현상에 대하여 항상 문제의식을 가지고 봐야 한다. 왜냐하면 공공정책의 아이템을 새로이 발굴하고 해법을 찾아내야 하기 때문이다.

③ 기업 임직원은 경영과 관련된 사안에 대하여 문제의식을 가지고 있어야 기업이 발굴해야 할 신규 아이템이 무엇이고 신기술이나 신소재 또 신공법 등이 무엇인지를 알 수 있다.

그렇다면 좋은 아이디어는 어디서 어느 때 잘 찾을 수 있을까?

앞에서 말한 바와 같이 세상 만물은 아이디어의 창고이다. 따라서 아이디어의 원천은 곳곳에 있다. 영감이나 예지, 생태모방 기술, 우연한 발견, 융합과 분해, 모방과 벤치마킹, 역사 정보 등.

또 아이디어가 많이 떠오르는 때도 다양하다. 상상과 공상을 할 때, 사건사고가 일어날 때, 역발상을 할 때, TV 신문 등 매스미디어를 접할 때, 여행을 할 때, 자연의 생존 모습을 볼 때 등.

---

28) 오바타쵸 어업협동조합의 겨울철 성게 양식에 관한 성공사례 : 양배추 먹은 성게 겨울철에도 잘자라(2019년 2월 1일) KBS 보도, naver 검색

이렇게 착안된 아이디어는 즉시 붙잡아 놔야 한다. 왜냐하면 아이디어는 성질상 쉽게 사라지는 휘발성이 있기 때문이다. 하우스 착안에 관한 아이디어 체포의 예를 들어 보자.

제1단계 : 친환경 제로하우스에 대한 착안

건축가 A씨는 꿈속에서 영감으로 떠오른 것을 잊지 않기 위해 대강을 기록 등으로 보관하였다. 기록 방식은 메모, 녹음, 사진촬영 등.
이것이 이디어의 착안단계이다.(아이디어 발굴)

건축가 A씨는 어느 날 낮잠을 자다 꿈을 꾸었다.

"친환경 에너지 제로하우스를 지을 수 없을까?"

"태양광, 지열, 풍력 에너지를 종합하여 응용한 친환경 에너지 제로하우스!"

A씨는 즉시 이를 기록하여 포착하였으며 친환경 에너지 제로하우스를 짓기로 마음먹었다.

제2단계 : 체포한 아이디어는 즉시 검토해야 한다.(즉시검토)

다음에는 붙잡은 아이디어에 대하여 기본구상을 하는 일이다. 이것이 개념설계이다. 이 단계에서는 아이디어의 활용가치, 분야 및 용도 등에 관한 대강의 계획을 세운다.

아이디어가 떠오르면 그 순간이 한번 시도해 보고자 하는 의지

2단계 : 친환경 제로하우스 기본구상(개념설계)

건축가 A씨는 친환경 제로하우스 건축에 대한 아이디어를 착안 후 '태양광 전기, 지열에너지, 방한, 방열재, 풍력에너지 등을 융합하여 건축물을 설계하면 어떨까?' 를 구상하였다.

이것이 아이디어에 관한 기본구상(개념설계)이다.

개념설계에서 검토해야 할 내용은 6하원칙에 의거 대강의 계획을 수립하는 일이다. 태양과 주택의 건축주, 입지, 규모, 용도와 구조, 예산 등은 물론 기술적 · 법률적 가능성과 안전성 등에 대한 대강의 검토가 필요하다.

가 가장 크다. 그러나 붙잡은 아이디어를 즉시 검토하지 아니하면 그 힘은 점점 떨어진다.

병맥주는 뚜껑을 딴 후 금방 마셔야 신선하다. 생선회도 금방 먹어야 쫄깃쫄깃하고 싱싱하다. 이처럼 아이디어도 체포한 후 즉시 개념설계에 들어가지 않으면 구현의지가 점점 약해진다.

그렇다면 아이디어의 기본구상(개념설계)은 어떻게 해야 할까? 정리방법은 6하원칙을 따라야 한다.

그리고 즉시 검토해야 할 주 내용은 무엇일까? 누가, 언제, 어디서, 무엇을, 어떻게, 왜 등에 관한 사항이다. 예를 들어 건축이라면 건축주, 입지, 규모, 용도와 구조, 예산 등이 될 것이다. 대체로 기본구상에 관한 것으로 대강의 계획에 불과하다.

아이디어 개념설계 단계에서는 기술적 · 법률적 검토와 함께 정체성, 안전성에 대한 대강의 검토도 병행한다.

3단계 : 아이디어의 **기본설계** 단계이다.(성숙단계)

기본설계는 아이디어 개념설계(기본구상)을 실천에 옮기기 위하여 분야별 기본계획을 수립하는 일이다.

그렇다면 기본설계에는 무슨 내용이 필요할까? 기본설계는 대체로 사업계획을 수립하는 방식으로 작성하면 무난하다. 대체로 사업계획 수립에는 개념, 성질, 형태, 종류, 방법, 규모, 양식, 소재, 기간, 양과 질, 효과, 장단점, 관리운영계획 등이 필요하다.

사업계획 단계에서 자칫 검토 대상을 빼먹기 쉽다. 이때는 분야별 6하원칙에 의거 더욱 정교하게 설계해 보는 것이다.

3단계 : 친환경 제로하우스 기본계획(기본설계)

친환경 제로하우스 건설 기본계획에는 다음 내용이 포함될 수 있다.
① 부지 확보, 입지조건, 면적과 규모, 층수와 용도, 공사기간, 소요예산, 재원 확보 방안 등
② 태양열에너지, 지열에너지, 풍력에너지, 설비시스템, 관리운영비, 방한방온 건축 설비 등
③ 친환경 제로하우스의 경제성, 효율성, 내구성, 관리비, 안전성에 대한 세부 검토
④ 그러나 건축부지 확보 가능성, 친환경 건축물의 장단점, 친환경 에너지 기술과 장단점 등에서 현실적 실행 가능성에 문제가 생길 수 있다. 예를 들면 집단 민원, 부지 확보 난항, 예산 조달 등에서 문제가 생길 수 있기 때문이다. 만일 현실적 실행 가능성이 없다고 하면 대안을 모색해야 한다.

4단계 : 아이디어의 **실시설계**이다.(창안단계)

여기서 실시설계란 대체로 기본계획에 따라 실행계획을 구체

4단계 : 친환경 제로하우스 실시설계(창안단계)

① 친환경 제로하우스를 짓는데 법률적 또는 기술적 실현 가능성이 있다고 할지라도 경제적 타당성이 있는지 구체적으로 따져봐야 한다. 여기서 친환경 제로하우스에 대한 타당성 검토란 경제성, 효율성, 생산성, 효과성 면에서 다른 에너지를 확보하는 것보다 경쟁력이 있는지 분석해 봐야 한다.
② 친환경 제로에너지 주택의 경제성에서 전기, 기름, 가스 등을 사용하는 것보다 현저히 떨어지거나 또는 운영면에서 편리성, 효율성이나 생산성이 떨어지게 되는지를 검토해 봐야 한다.
③ 아이디어 실시설계 단계에서는 고려해야 할 요소가 많다. 태양광 판넬을 할 경우 주민 피해는 없는지, 화재 위험성은 없는지, 폭발이나 고장은 자주 일어나는지, 사후 서비스는 어떠한지 등에 대한 검증이 필요하다.
④ 전문 공인기관의 안전성 검토를 마친 다음 당국의 사용 검사를 필히 받아야 한다.

적으로 세워가는 절차이다.

제로하우스 건축의 기본계획에 대하여 항목별로 세부계획을 만들고 실행계획을 짜는 과정이다. 바로 아이디어의 창안설계가 완성되는 단계이다.

참고로 일반 건축물의 실시 설계단계에서는 기본설계를 토대로 시설물의 규모, 배치, 공사비, 유지관리 등에 대하여 세부적인 조사와 분석을 마치고 그에 필요한 도면, 수지계산서 등을 작성하는 것을 말한다. 아이디어의 실시설계 단계에서 가장 중요한 것은 경제적 타당성이나 안전성 등의 검토이다.

기본설계에서는 타당성과 안정성이 있다고 검토되었으나 실시설계단계에서는 예기치 못한 리스크 요소들이 나타나 달라질 수 있다.

또 다른 예시로는 신의약품을 개발할 때는 안전성 검토와 약효 실험 검토를 해야 한다. 건강식품이나 음식 재료에 대한 안전성 검토가 특히 중요하다. 안전성 검토가 중요한 이유는 사용 검사 후에도 종종 사고가 일어나기 때문이다.

더구나 시장성이 있으려면 창안된 아이디어나 그 제품에 대한 법적 가능성, 안전성에 대한 공인을 받아야 한다. 즉 발명특허, 실용신안, 디자인 등록, 신기술 등록을 하는 것이다.

그러나 이러한 문제들을 구현하는 일은 그리 쉽지 않다. 세계 각국은 제4차 산업혁명 대열에서 뒤처지지 않기 위해 창안과 창업 등에 다양한 지원정책을 펼치고 있다.

창업보육센터, 엔젤투자자제도, 투자펀드제도, 공모펀드나 사모펀드제도 등을 활성화하면서 창안된 아이디어가 산업화에 성공할 수 있도록 유도하고 있다. 따라서 더욱 중요한 것은 제4차 산업혁명시대에 알맞게 각종 법률, 세제, 금융, 인력 등 인프라를 개선해 주는 일이다.

다음은 필자가 서울시 문화과장으로 근무할 당시 경험한 아이디어 창안4단계의 실제 사례(도표 39)를 들어보겠다.

'덕수궁 수문장 교대의식'의 구현과정에 대하여(도표 39)

단계별	구현내용
〈1단계〉 문제의식의 발동 (아이디어 소재의 발견)	● 서울시 공직자 A씨가 동료들과 점심식사 후 덕수궁 대한문 앞을 지나가고 있었다. 문득 영감이 하나 떠올랐다. '여기가 조선의 왕궁이나 왕이 출입을 할 때 무슨 의식이 있었을 것 아닌가? 그렇다면 우리도 (영국 버킹검궁의 근위병 교대의식처럼) 조선왕궁 수문장 교대의식을 해 보면 어떨까?' 이것이 문제의식이다.
〈2단계〉 아이디어 체포와 즉시검토 (아이디어의 개념설계)	● 공직자 A씨는 왕궁 수문장 교대의식에 관한 기본구상을 했다. 조선왕조실록(CD) 검색을 통해 수문장에 관한 대략적인 기록을 찾아냈다. 수문장 교대의식이 있었다는 사실, 수문병사는 20~30명이 있었다는 사실, 왕이 출입할 때 수문장들이 사용하던 증표 등이 있었다는 사실 등을 알았다. ● 여기에 문화재 관련 공무원, 문화재위원, 국조오례의 중 군례(軍禮) 전문가, 복식 전문가 등의 자문을 받아 개념설계를 하였다. 교대의식은 주말 오후, 소요예산은 최소화, 병력 규모는 20~30명, 복식 전문가 조언 등의 기본구상을 마쳤다.
〈3단계〉 아이디어 기본계획 (아이디어 기본설계)	● 수문장 교대의식의 개략적 고증을 거쳐 시나리오 대본을 작성하고 병력 확보 계획과 예산 확보 방안을 세웠다. ● 출연진에 대한 현장교육을 통해 문제점을 수정보완하기로 했다. 총 연출자 확보, 출연할 인력(병사) 확보, 복식과 깃발의 고증과 확보, 유관 기관과의 협의 등에 관한 계획을 수립했다. 이것이 기본계획이다. ● 그러나 서울시 지도부는 고증이 어렵다며 시행 자체에 대해 부정적이었다. 반대가 심했다. 결국 언론계와 전문가 등을 통해 지도부 설득에 성공하였다.
〈4단계〉 아이디어 실행계획 (아아디어 활용계획)	● 출연진의 주연은 연극인 중에서 선정하고 일반 수비병(보충역)은 병무청에서 방위병은 지원 선발 기준을 세웠다. 스토리텔링 보드를 만들고 현장에서 사전 훈련을 하고 공개 리허설을 가졌다. ● 언론계, 문화계 및 관광업계, 시민들의 반응을 살펴 수정 보완하였다. 각계 지적 사항과 시민 반응을 보아 수시로 보완 발전시키기로 하였다. 이것이 실행계획이다.

04

창조에도 숨겨진 공식이 있다

사람의 욕망은 끝이 없다. 하지만 세상의 자원은 부족하다. 따라서 인간의 욕망을 넉넉하게 채워 줄 수가 없다.

그렇다면 세상의 자원을 어떻게 늘려가야 할까?

이러한 인류의 문제를 해결하기 위해서는 자원의 양을 늘려가야 하고 질을 높여 가는 일이다. 이러한 과업은 자원의 가치를 창조하는 전략이다.

여기서 자원 가치의 창조부터 그 뜻을 알아보자.

첫째, 자원(resources)이란 무엇인가.

자원의 범주에는 인간의 욕망 충족에 필요한 모든 종류의 재화나 서비스를 포함한다. 유형이든 무형이든 상관없다. 따라서 TV나 자동차, 비행기나 선박, 농수산물 등 유형적인 것은 물론 법령,

정책, 가치, 특허, 방법, 도덕 등 무형적인 것들도 포함된다.

원유, 가스, 석탄 등과 같은 광물자원은 물론 태양, 공기, 물 등 자연자원도 해당된다. 심지어 생활폐기물이나 병원의 특수폐기물까지도 포함된다.

둘째, 가치(value)란 무엇인가?

자원의 분량과 품질을 높이면 그 가치는 높아진다. 자원의 범주에는 사람들의 욕망을 충족시켜 주는 데 쓸모가 있는 것들이라면 모두 포함될 수 있다.

그렇다면 자원의 가치를 어떤 방법으로 올릴 수 있을까?

이에 대한 해결방법은 그에 합당한 아이디어를 찾아내는 일이다. 따라서 가치창조의 시발점은 아이디어로부터 나올 수 있다.

그렇다면 가치창조는 어떠한 형상으로 나타나는가?

앞서 아이디어는 창조의 씨앗이고 창조의 씨앗은 아이디어라 하였다. 발명, 발견, 생산, 조립, 창업, 창안 등은 물론이고 개혁, 혁신, 개량, 분해, 융합 등이 포함된다.

가치창조가 추구하는 공통점은 경쟁력 향상이라는 점이다. 생산물량 증가, 제품의 품질 향상, 가성비와 가심비 향상, 생산성 향상, 안전성 향상, 효과성 증대, 신뢰성 향상, 공정성, 수익성 향상, 인지도 향상, 편리성 향상, 정확성, 신속성 등이다.

그렇다면 가치창조의 절차는 어떠할까?

여기서는 '제빵 제조 원리'를 통해 쉽게 설명해 보겠다.

알다시피 식빵을 만드는 데도 융복합 원리가 적용된다. 대체로 제빵의 생산요소에는 세 가지가 있다.

① 생산원료 – 밀가루, 설탕, 우유, 소금물 등

② 제조설비 – 기계, 장비, 전력, 설비, 공장 등

③ 제빵 매뉴얼 – 제빵기술과정, 디자인, 포장 등

제빵기술자가 양질의 빵을 만들어 내면 그 부가가치는 제조 이전보다 커진다. 말하자면 식빵의 가치가 늘어난 것이다.

일반적인 재화나 서비스에 대한 가치를 창조하는 데 그에 필요한 창조원료는 대체로 세 가지이다. 필수요소(감성원료), 첨가제(이성원료), 충분재(지성원료)이다.

그럼 가치창조는 어떠한 방식으로 할까?

가치창조의 방식에는 여러 가지가 있겠지만 그 대표적인 이론이 '가치창조의 공식'(도표 40)이다. 가치창조의 공식이란 감성원료와 이성원료 그리고 지성원료의 융복합으로 설명할 수 있다.

가치창조 공식에 대하여(도표 40)

감성원료 (상상, 영감, 등)	**+**	이성원료 (기술, 원리 등)	**+**	지성원료 (도덕, 안전 등)	**=**	창조물 (재화, 서비스)

첫째, 감성원료는 가치창조의 필수재이다.

감성(sensitivity)이란 감수성과 같은 뜻이다.

인간이면 누구나 다섯 가지 감각기관(눈, 코, 입, 귀, 피부)을 가지고 있다. 이러한 감각기관이 외부로부터 어떠한 자극을 느꼈을 때 두뇌에서 그에 반응하는 심리적 정보가 있다. 이것이 감성원료(도표 41)이다.

인간의 감성원료는 수두룩하다. 야망과 공상, 아이디어, 꿈과 영감, 예지, 열정, 통찰, 직관, 희열, 초합리성, 희로애락 등 감성적 요소들이 이에 해당된다. 감성원료는 대체로 오른쪽 뇌의 작용에서 나온다.

이러한 감성원료들을 주메뉴로 하여 서로 융합하고 응용하여 만든 창작품들은 다양하다. 시, 소설, 수필 등 문학작품, 작곡, 작사, 연주 등 음악작품, 회화, 조각, 서예 등 예술품이 그것이다. 그러나 이와 같은 감성원료들이 이성원료와 융복합하게 되면 전혀 다른 고부가가치 창조물을 만들어 낼 수 있다.

감성원료들(도표 41)

상상력, 꿈과 영감, 비전과 통찰력, 직감과 초능력, 감동, 투지, 공상, 열정, 춤사위, 초합리성, 희로애락 등	① 눈, 코, 귀, 입 등 감각기관으로부터 반응한다. ② 인간의 본능이나 본성에 따라 다르다. ③ 언제 어디서든 다양하게 나타날 수 있다. ④ 감성원료는 수시로 변하고 모양이 특정돼 있지 않다.

둘째, 이성원료는 가치창조의 첨가재이다.

이성(rationality)이란 인간의 감각적 능력에 의하여 형성되는 감성원료의 상대적 표현이다. 이성의 개념은 주로 '인간의 사유능력'을 뜻한다. 이러한 이성은 인간이 동물들과 구별되는 요소이다. 인간이 이성을 잃어버리는 경우가 있는데, 이때는 옳고 그름을 분별하지 못하기도 한다.

그렇다면 이성원료란 무엇일까?

지식, 기술, 성분, 재료, 소재, 기계, 공장, 설비, 원리, 법칙, 노하우, 절차, 법령 등이 포함된다. 이 같은 이성원료들간에 융복합이 이루어지면 부가가치가 다른 형태의 성과물들로 각각 나타나게 된다. 기왕의 휘발유 엔진 자동차에 인공지능 기술을 융복합하면 자율주행자동차가 만들어질 수 있다. 건축물을 시공할 때 구조설계와 건축설계 그리고 기계설비나 안전설비를 결합하여 시공해야 하는데, 이것은 대체로 과학, 공학 등에 관한 이성원료들(도표 42)이다.

이성원료들(도표 42)

지식과 기술 ,원리, 법칙 공식과 표준, 경험, 준거, 규칙과 노하우, 법령과 논거 절차와 과정, 구조와 제도 등	① 합리성과 합법성이 중시된다. ② 경제성과 생산성이 우선한다. ③ 논리성과 과학성이 작용한다. ④ 검증과정과 입증절차가 필요하다.

그러나 이러한 이성원료가 감성원료와 융복합으로 결합하면 전혀 다른 성과물이 만들어질 수 있다. 기왕의 여성 의류에 최근에 유행하는 감성적 디자인을 입히면 그 부가가치를 크게 올릴 수 있다. 미적 완성도가 높은 여성 의류를 제작하려면 섬유와 봉제작업 같은 이성원료와 아름다운 디자인과 색감 같은 감성원료가 융합되어야 한다. 이성적인 아이디어 원료는 왼쪽 뇌가 작동하여 나타난다고 한다. 그렇지만 현대문명의 주요한 성과물들은 매력적인 감성원료와 합리적인 이성원료의 융복합 산물이다.

셋째, 지성원료는 가치창조의 충분재이다.

지성(intellectus)이란 사안을 판단할 때 옳고 그름이나 선하고 악한 것, 그리고 아름답고 추한 것, 우선이 뭐고 나중이 무엇인지를 판단하는 핵심적 요소라 할 수 있다.

지성원료들(도표 43)도 매우 다양하다. 목표성, 도덕성, 윤리성, 진정성, 안정성, 합법성, 형평성, 공정성, 규범성, 분별력 등이

지성원료들(도표 43)

도덕성, 윤리성 인권과 지성, 분별력 민주성, 투명성 공평성, 안전성	① 인간의 생명 존중의 가치가 중요하다. ② 민주적이고 정의로워야 한다. ③ 사회적 정의가치를 존중한다. ④ 시비, 선악, 미추 등을 분별한다.

포함된다.

그렇다면 지성원료는 왜 필요한가?

창조과정에서 건강한 지성원료가 투입되지 못하면 그 창조물이 오남용될 수 있다. 감성원료와 이성원료가 잘 융복합되었다고 하더라도 반드시 바람직한 성과물이 나오는 것은 아니기 때문이다.

만약에 불량한 지성원료가 투입된다면 자칫 부작용이 나타날 수 있다. 실제로 신발이나 구두 같은 제조품이라면 불량품이 나올 수 있고, 값비싼 약품이라면 함량 미달이 될 수 있으며 법률, 계약 등이라면 악법이 되거나 계약에 분쟁이 일어날 수 있다. 그렇지만 더욱 큰 문제는 인간의 안전성이다. 다이너마이트, 핵물질 등의 남용이다. 자칫 인류 사회에 큰 재앙이 될 수 있다.

그럼 과연 인간들이 만든 창조물은 언제나 선(善)일까?

결론부터 말하면 "아니오"라고 말해야 할 것 같다. 왜냐하면 창조의 성과물이 추하거나 악한 모습으로 나타날 수 있기 때문이다. 만일 독재자가 통치권을 강화하기 위하여 화학무기 같은 대량 살상 무기를 만들어 사용한다면 과연 어떻게 될까? 결론은 뻔하다. 인간 생존에 엄청난 위해를 줄 것이다.

따라서 최고관리자들은 가치창조가 추구해야 하는 목적, 방법, 용도가 무엇인지를 진지하게 고민해야만 한다. 인류의 평화와 안정, 성장과 복지 등에 합당하도록 설계되고 제조 사용되어야 한다.

따라서 인간 사회는 지속가능한 성장과 안전을 위해 자원의 가치를 창조하려 할 때 반드시 유의해야 할 규범이 있다.

① 가치창조의 방향은 합법성, 합리성, 효율성, 효과성, 생산성, 경쟁력 등 경제적 가치를 높일 수 있어야 한다. 경제적 정의 요소에 유의해야 한다는 뜻이다.

② 자원가치의 방향은 사회적 정의 요소에도 항시 유념해야 한다. 최고관리자들은 성장가치의 향상에 과도하게 편중을 하다 보면 인간 사회와 예기치 못한 크고 작은 부작용들과 부딪칠 수 있다. 따라서 인권보호, 윤리성, 도덕성, 공정성, 형평성, 신뢰성, 투명성 등의 가치가 무너지면 안 된다는 뜻이다. 기회는 평등하고 과정은 공정하며 결과는 정의로워야 한다.

③ 자원가치의 창조성과가 불공정하거나 불평등해지면 꾸준히 정치적 정의의 목표에 합당하도록 수정하고 보완해야 한다. 이러한 경우 소위 차등조정의 원리가 작동돼야 한다. 왜냐하면 양자의 가치가 충돌하게 되면 지속가능한 성장과 평화적 안정 유지가 어려워지기 때문이다.

IV. 인간의 완찰론

정밀진단기법이 완찰6법이다

살다보면 인간들은 누구나 오류에 빠질 수 있다. 간혹 의사가 오진을 하고 심판도 오심을 범한다. 그 이유는 무엇일까? 인간이 지각을 하는 인지능력에 한계가 있기 때문이다.

오류란 심리학적으로 '사람이 생각하는 내용이 실제적인 대상과 일치하지 않는 것' 또는 '논리학적으로는 겉으로 확실해 보이나 실제로는 잘못된 추리를 가르치는 것'을 말한다.[29]

이러한 오류의 원인은 여러 가지가 있다. 선입관, 판단력 부족, 집중도 부족, 인식자료 부족 등이다.

사실 인간의 인지능력은 다른 생명체에 비할 때 매우 부족한

---

29) 심리학적 오류, daum 검색, 심리학 용어, 인간적 오류(2019년 3월 29일)
   논리학적 오류, naver 검색, 나무위키, 논리적 오류(2019년 6월 27일)

편이다. 독수리의 눈처럼 시력이 뛰어난 것도 아니고 곰의 후각처럼 대단한 것도 아니며 고양이처럼 청각이 매우 발달한 것도 아니다. 따라서 인간의 판단능력은 항시 부족한 편이어서 착오나 착각, 오류 등을 일으키기도 한다. 또 정보 취득 능력이 부족하여 오심을 내리거나 오판을 하기도 한다. 이 때문에 정책의 실패, 경영의 부진으로 이어질 수 있다.

또한 사람의 판단 능력이 불완전한 것은 다른 각도에서 바라볼 수 있다. 사람이 취득하는 정보의 대부분은 시력에 의존한다. 그러나 취득한 정보는 대체로 표피적이고 외형적이다.

사람의 본능은 기이하게 움직인다. 사람은 믿고 싶은 것만 믿고, 보고 싶은 것만 보려 하며, 듣고 싶은 것만 들으려 하고 생각하고 싶은 것만 사고하는 경향이 있다. 이런 현상을 영국의 심리학자 피터 웨이슨(Peter Wason)이 1960년대 주창한 소위 확증편향 효과(confirmation bias effect)라 한다. 따라서 일상적인 관찰 방식에 너무 집착하면 자칫 무엇이 사실(fact)이고 무엇이 진실(ture)인가를 알기가 어려운 뿐더러 오류를 범하게 된다.

여기서의 관찰은 자신의 지식, 경험 등에 의하여 판단한다. 그러나 기왕의 지식이나 경험조차도 오염이나 왜곡된 경우가 많다.

이것이 편견의 원인이다. 편견은 인간의 오류 중 가장 큰 원인이지만 편견은 쉽사리 고쳐지지 않는다.

조선 태조 때 개국공신 이직(李稷)의 얘기이다.

"영의정 이직은 원래 고려의 유신이었어요. 그렇지만 조선 개국에도 큰 도움을 줘 공신이 되었고 영의정도 되었지요. 그러자 세간에서는 그를 배신자라고 수군거렸어요."

이를 못마땅하게 여긴 이직은 이렇게 말했다.

"까마귀 검다 하고 백로야 웃지 마라."

"겉이 검은들 속조차 검을쏘냐. 겉 희고 속 검은 것은 너뿐인가 하노라."

사실 까마귀의 겉털은 검다. 그러나 속살은 하얗다. 백로의 겉털은 희지만 속살은 검다. 그러니 남의 진심도 알지 못하면서 함부로 욕하지 말라는 뜻이다.

"빛 좋은 개살구도 겉과 속이 다르다."

개살구는 겉으로 보기에 화려하나 속은 별 맛이 없다.

"열 길 물속은 알아도 한 길 사람 속은 모른다"라는 말도 있다.

이상은 편견 오류의 예다.

그렇다면 각종의 오류를 막을 수 있는 방법은 없을까? '완찰6법'으로 응답할 수 있다. 완찰6법은 '정밀진단기법'의 하나이다. 이것은 관찰 대상에 대한 정밀진단을 위하여 전방위적 · 입체적으로 진단을 해 보는 기술이다.

'완찰6법'(도표 44)은 보다 정확한 관찰을 위해 여섯 가지 방향에서 입체적으로 바라보자는 것이다.

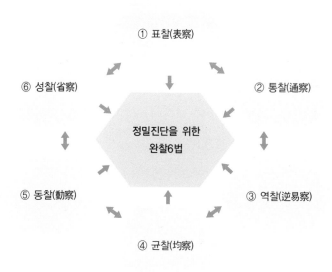

정밀진단을 위한 완찰6법(도표 44)

① 표찰(表察)

⑥ 성찰(省察)

② 통찰(通察)

정밀진단을 위한
완찰6법

⑤ 동찰(動察)

③ 역찰(逆易察)

④ 균찰(均察)

① 겉만 보는 표찰(表察) ② 속까지 꿰뚫어 보는 통찰(通察) ③ 역지사지(易地思之)로 보는 역찰(逆易察) ④ 균형 잡힌 감각으로 보는 균찰(均察) ⑤ 시대와 시간의 흐름에 따라 판단해 보는 동찰(動察) ⑥ 지난 것도 다시 뒤돌아보는 성찰(省察)이 그것이다.

완찰6법의 가장 큰 강점은 시행착오를 줄일 수 있다는 점이다.

공공분야라면 정책의 실패나 집행 지연을 미리 예방 또는 줄일 수 있고 막을 수 있다. 기업이라면 제품을 생산과정에서 불량품을 크게 줄일 수 있다. 결국 관찰 대상에 대한 진위, 선악, 시비,

미추, 선후 등에 대한 판단을 하는 데 완찰6법이 크게 도움이 된다.(도표 45)

완찰6법에 대해 좀 더 자세히 설명해 보자.

첫째, 표찰 기법이다.

표찰 기법은 관찰 대상에 대하여 외형적인 모양이나 양태, 패턴, 생김새, 느낌이나 표정 등을 중심으로 파악해 보는 것이다.

표찰 기법은 관찰 대상에 대한 내용, 즉 위치와 면적, 무게나 크기, 넓이와 길이, 규격과 상태, 생물이냐 무생물이냐 등 빨리 개략적으로 알아내는 데는 그런대로 효과가 있다. 여기서는 멀리서 보는 완찰과 근거리 가까이서 보는 세찰로 나눠 볼 수 있다.

그러나 표찰 기법은 약점도 많다. 관찰자의 시력 등 감각능력에 따라 정확도가 크게 좌우된다. 피사체의 원근에 따라 정확도가 매우 달라지게 보일 수 있다.

산맥을 멀리 보면 산의 능선이나 높낮이 그리고 계곡 등 대강의 윤곽은 알 수 있지만 산속의 구체적인 정보는 알 수 없다. 수종은 무엇이 많고 암반은 무슨 성분이며 계곡의 폭과 길이는 얼마나 되는지 등은 정확하게 알 수가 없다.

따라서 외형적인 표찰 기법으로는 관찰 대상의 실체적인 내용이나 성분 또는 형상이나 원리까지 알아내기는 쉽지 않다. 예를 들어 채광 중인 석탄이나 원유를 그냥 보는 것만으로는 그 성분

관찰 대상에 대한 완찰6법의 예(도표 45)

구분	내용(예시)
표찰	● 짧은 시간에 인상, 어투, 얼굴, 몸무게, 경력, 학력 등의 관찰이 필요하다. ● 재산, 직장, 부동산, 직업, 지역을 알아내는 데도 유용하다.
통찰	● 이념, 질병, 고민, 인성, 봉사, 예술, 능력, 평판 등을 알 수 있다. ● 학력, 경력, 실적, 상훈, 범죄경력, 성공과 실패 사례 등을 알 수 있다.
역찰	● 부자는 빈자, 승자는 패자, 경쟁자는 노동자를 역지사지해야 한다.
균찰	● 좌편향, 우편향이 아니라 중도적 입장에서 객관적으로 본다. ● 학연, 지연 등에 대한 편견을 버리고 같은 기회를 줘야 한다.
동찰	● 시대와 계절에 따라 유행, 트렌드, 스타일 등이 변한다. ● 적지성의 원리에 적합하도록 수정을 하고 보완한다.
성찰	● 지난 업무성과를 되돌아보고 수정 보완할 것을 찾아본다. ● 강점은 무엇이고 고쳐야 할 약점은 무엇인지

이나 함량, 품질 또는 성질까지는 정확히 알 수 없다. 이것은 의사가 육안으로는 병명을 정확히 알 수 없는 것과 같다. 따라서 표찰의 약점을 보완하려면 별도의 수단이 필요하다. 이것 중 하나가 통찰이다.

둘째, 통찰 기법이다.

통찰 기법이란 관찰 대상의 외형뿐만 아니라 내부까지 속속들이 꿰뚫어 보는 것이다. 과학적인 수단을 사용하는 경우 통찰 기법의 한계를 크게 극복할 수 있다.

내과의사가 환자를 진료할 때 육안이나 증세로 진료하는 것이 '표찰'이라 할 수 있지만 의료 장비로 검사를 한다면 통찰의 검사라 할 수 있다. 혈액검사, 혈당검사, X-RAY 촬영, MRI 촬영, 내시경, 현미경 등으로 정밀진단을 할 수 있다.

한의사가 환자를 정교하게 진맥하는 것도 일종의 통찰이다. 신체 각 부위를 손(촉각)으로 더듬지만 판단은 심안으로 하기 때문이다.

통찰 기법은 공사 조직에서 인재를 선별할 때도 유용하다. 단순히 응시자의 외형적인 요소만 봐서는 부족하다. 자질이나 능력도 정확하게 봐야 하기 때문이다.

그래서 응시자에 대한 심층적인 면접을 해 보는 것이 필요하다. 인성, 자격, 실적, 학력, 경력, 적성, 전공 등을 두루두루 살펴봐야 한다. 이와 같이 통찰 기법은 표찰의 한계를 극복하는 데 유용하다.

셋째, 역찰 기법이다.

고사성어에 역지사지(易地思之)란 말이 있다. 첨예한 문제를 둘러싸고 상호간 의견이 부딪칠 때 상대방의 입장에서 생각하면 실마리가 풀리며 의견 접근이 가능하다. 이것이 역찰 기법으로 가치관이 다양하고 입장차가 큰 것일수록 역찰 기법은 더욱 소중하다. 역지사지는 협상 수단에서도 매우 쓸모가 있다.

역지사지를 가장 잘 이해할 수 있는 용어가 있다. 갈등(葛藤)이 그것이다. 칡나무 갈(葛)과 등나무 등(藤)의 합성어이다.[30]

칡나무와 등나무는 생존방식이 서로 반대이다. 두 나무는 각각 평생 서로 얽혀 살아가지만 일종의 타협으로 공생을 한다. 두 나무 줄기는 반대 방향으로 줄기가 자라나서 성장해 가지만 서로간에 조금도 다치지 않게 배려한다. 성질이 다르지만 서로 공생하는 지혜이다. 이러한 갈등 나무의 공생관계를 통해 인간들도 배워야 한다.

예를 들어 보자.

부유한 자는 가난한 자의 고통을 알아야 하고, 가난한 자는 부자의 노력을 배워야 한다. 사용자는 노동자의 노고를 이해해야 하고, 노동자는 경영에 성공해야 분배할 소득도 늘어난다는 사실을 알아야 한다. 경영자는 소비자의 의견을 청취하고 소비자는 생산자의 애로사항을 알아야 한다.

역지사지의 소통 기법은 지역 간, 세대 간, 이념 간, 종교 간 또는 영역 간에 갈등을 줄이는 데 크게 도움이 될 수 있다.

---

30) 지식백과, 심리학 영어사전, naver 검색

넷째, 균찰 기법이다.

사람은 누구나 편견에 사로잡히기 쉽다. 편견들이 쌓이면 갈등으로 악화된다. 편견의 원천은 다양하지만 그중 가장 큰 것은 이익 충돌이다. 이념 갈등, 세대 갈등, 업종 갈등, 자원 갈등, 정책 갈등, 계층 갈등, 지역 감정, 종교 갈등, 빈부 갈등 등이 있다.

균찰 기법이 필요한 이유는 세상의 현상에 대하여 균형감각을 가지고 봐야 하고 해석하고 판단해야 하기 때문이다.

사람들의 가치관이 무엇이냐에 따라 다양한 주장이 일어날 수 있다. 그러나 '다른 사람의 주장이 나와 크게 다르다' 하더라도 덮어놓고 그런 주장을 '옳지 않다'고 폄하해서는 아니 된다.

특히 서로 다른 집안 간에 과도한 편견에 집착하게 되면, 소위 확증편향성에 사로잡히게 돼 균형을 잃게 된다.

균찰이라 함은 균형감각을 가지라는 뜻이다. 이를테면 ① 성장이냐 복지냐 ② 효율성이냐 형평성이냐 ③ 수도권이냐 지방이냐 ④ 첨단기술이냐 일자리 유지냐 ⑤ 대기업이냐 중소기업이냐 ⑥ 시장경제냐 정부개입이냐 ⑦ 정의냐 반정의냐 ⑧ 자유냐 질서냐 등 어느 쪽으로 치우지지 않고 객관적으로 판단해야 한다는 것이다.

다섯째, 동찰 기법이다.

현대 산업사회의 특징은 초고속 사회라는 점이다. 소비자의 욕구나 유행, 브랜드나 트렌드는 물론 제도나 절차, 기술과 원료 등의 변화도 매우 빠르다. 과거에 생긴 제도나 가치관은 성찰을 해 보고 그로부터 교훈을 배워야 한다. 현안 또는 미래의 문제들에 대하여 문제의식을 가지고 상황관리를 해야 한다. 이것이 동찰의 근거이다.

과거 권위주의 시대는 의사결정방식이 주로 톱다운 방식이었지만 오늘날은 하의상달식이거나 현장 의견을 점점 더 중시한다. 최고관리자들은 동찰의 원리에 따라 적시에 의사결정이 이루어져야 한다.

따라서 적시성의 원리에 맞춰 버릴 것은 버리고 바꿀 것은 바꿔야 한다. 첨단기술의 라이프 사이클이 짧아지고 소비자의 트렌드 수명도 줄어들고 있다. 이것이 동찰이 중요한 이유이다.

여기서 동찰의 실패 예를 보자.

일본의 (주)코닥필름은 세계 최초로 디지털 카메라를 개발한 회사였다. 그러나 당시 최고경영진이 미래의 카메라 시장에 대한 동찰에서 실패하고 말았다. 당시 (주)코닥필름은 전 세계 필름 카메라 시장을 독과점하고 있었다. 그래서 경영진은 디지털 카메라에 대한 시장 출시를 늦춰도 된다며 안일한 의사결정을 하였다.

그러자 후발주자인 다른 경쟁사들이 앞다퉈 디지털 카메라를 개발하여 먼저 출시하기 시작하였다. 디지털 카메라에 대한 신규 수요가 폭발적이었다. 반면 기존의 필름 카메라 시장은 크게 위축

되었다. 결국 코닥필름은 큰 경영 실패를 맛보았다.

여섯째, 성찰 기법이다.

정부나 기업을 막론하고 누구든지 자신이 이미 실행한 목표와 성과, 절차와 방법, 주력 업종의 시장 변화, 유통구조와 주력 소비층 등에 대한 정확한 분석은 필수적이다. 장단점이 무엇이고 수정 보완할 것이 무엇인지, 또 시장의 트렌드나 유행은 어떠한지 등을 되돌아봐야 하기 때문이다. 이것이 성찰 기법이다. 일종의 복습 효과를 노리는 것이다.

대부분의 사람들은 기존의 지식이나 정보, 관성 또는 가치관에 매몰되기 쉽다. 경영 실패를 하고 나서야 후회하곤 한다. 일종의 적시성의 원리를 소홀히 한 탓이다.

"우리 공장의 설비도 3년 전쯤 신기술을 도입했어야 했는데… 경영 혁신이 늦어졌기 때문에 경쟁력이 크게 떨어진 것이다."

성찰 기법의 장점은 무엇보다 과거의 성패에서 체득한 교훈을 기초로 앞으로는 실패하지 않겠다는 각오이다.

지금까지 완찰6법의 전체를 알아보았다. 하지만 완찰6법도 일정한 한계가 있다. 따라서 완찰6법에 대한 취약점을 보강하기 위해 또 다른 보정 기법이 요구된다.

하나는 전방위 완찰법으로 확장해 나가는 것이다. 이것은 관찰 대상을 여섯 가지보다 확정한 열두 가지로 늘려 보는 것이다. 분야별로 체크리스트를 만들어 완찰 항목을 늘리는 것이다. 이것은 놓치기 쉬운 부분까지 구석구석 관찰을 할 수 있기 때문이다.

또 다른 진단기법은 병행을 해 보는 것이다.

예를 들면 사례연구, 브레인 스토밍(Brain Storming), 델파이조사(Delphi Technique), 시장조사(Market Survey), 선물조사, 공청회, 임상실험, 트렌드 조사, 파일럿 테스트(Pilot Test), 성공과 실패 사례 조사 등이 있다. 진단기법의 다양화를 통해 비교 분석하여 시행착오를 줄일 수 있기 때문이다.

완찰6법도 보정이 돼야 한다

인간은 눈, 코, 혀, 귀, 피부 등 다섯 가지 감각기관을 가지고 있는데, 이 감각기관으로 느끼는 자극을 오감(五感)이라고 한다.

그렇다면 인간의 감각 작용은 어떠한 과정을 밟는가?

생각하건대 인간들이 갖고 있는 감각 능력은 턱없이 미약하다. 시력은 기껏해야 1.5 내외다. 시각, 후각, 청각, 미각, 촉각 능력도 다른 생명체들에 비해 그렇게 뛰어난 편도 아니다.

반면에 인간의 두뇌 능력은 고도로 발달되어 있다. 따라서 부족한 감각 능력을 보완해 줄 수 있다.

앞에서 설명한 것처럼 대상에 대한 정밀진단기법이 '완찰6법'이다. 그러나 감각기관의 능력의 한계를 뛰어넘는 영역이나 대상에 대하여는 제대로 알아볼 수가 없다. 따라서 완찰6법을 보정할 수 있는 수단이 필요하다.

대체로 완찰6법의 보정수단(도표 46)은 다섯 가지가 있다.

첫째, 감각기관의 각종 정보들간에 융합 또는 복합을 통해 인지능력을 높이는 기법이다. (감각기관들의 정보 융복합)

눈, 코, 혀, 귀, 피부 등 감각기관에서 발생한 자극이 뇌로 전달된다. 그러면 각종 정보들을 통합하여 무엇인지 알 수 있게 된다.

사람의 시력이 불완전하지만 다른 감각기관의 정보가 지원을 해 준다. 눈 자극 이외에 촉각, 후각, 청각 등이 부족한 것을 보완해 준다. 또 자신의 감각기관 능력이 부족하면 다른 사람들의 감각으로 취득한 정보를 지원받을 수 있다.

사실 생명체의 진화 원리에 따라 환경에 적응해 가는 것은 생존의 보편적 수단이다. 어떠한 감각기관이 쇠퇴하면 다른 감각기관이 점차 발달하게 된다. 이 원리는 시력이 퇴화되면 청각이 좋아지고 촉각 또는 후각이 더 발달하게 된다. 이것도 적자생존의 원리이다.

여기서 동물의 오감 능력를 알아보자.[31]

① 뱀의 청각 능력은 약하지만 지면에 대한 촉각은 뛰어나게

---

31) 동물의 시각능력 : 지식백과 동물의 시력, 생물산책, naver 검색
　　지식백과, 동물의 후각, naver 검색
　　동물의 청각, naver 검색 등

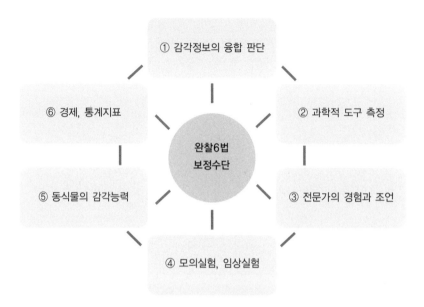

완찰6법의 보정수단(도표 46)

① 감각정보의 융합 판단

⑥ 경제, 통계지표

② 과학적 도구 측정

완찰6법
보정수단

⑤ 동식물의 감각능력

③ 전문가의 경험과 조언

④ 모의실험, 임상실험

발달되어 작은 기척까지도 느낀다.

② 타조는 날개가 있어도 날지 못한다. 그 대신 시력의 진화로 시각지수는 무려 25(독수리 5.0, 매 9.0, 갈매기 5.0)까지 발달하였다. 최대 가시거리도 20km까지 알아차릴 수 있다고 한다.

③ 박쥐는 동굴 속에서 살아 시력이 매우 퇴화되었다. 그 대신 청각을 진화시켜 초음파까지 감지를 할 수 있다.

④ 홍연어 등 일부 물고기는 시각이 좋지 않다. 그 대신 후각이 발달해 먹이나 암컷을 구하고 심지어 위험 징후까지 알아낸다.

둘째, 과학적인 도구를 활용해 정밀진단을 보완하는 것이다.

인간의 감각기관의 능력은 한계가 있다. 사람의 시각은 독수리보다 못하고, 청각이나 후각은 돼지보다 못하다. 그래서 감각기관의 능력을 확장하기 위해서는 과학적인 도구가 요구된다.

현미경으로는 미생물이나 박테리아 등을 볼 수 있고, 망원경은 멀리 있는 물체를 가까이 있는 것처럼 알아볼 수 있다. X-RAY 촬영기를 사용하면 인체의 장기까지 선명하게 볼 수가 있다. 드론 촬영으로 지형이나 산불 위치를 정확히 실시간으로 알 수 있다. 인공위성으로 정밀지도를 작성하고 기상관측을 할 수 있다.

오늘날 최첨단 기술은 인간의 감각능력을 크게 확장시키고 있다. 혈당측정기, 혈압측정기, 화재감지기, CCTV 단속 장비 등등 무수하다.

최근에는 정보통신기술(ICT, 사물인터넷), 5G(5세대 이동통신기술), 인공지능기술(AI)의 발달로 감각기관의 한계를 극복하고 있다. 문자인식 번역기술, 음성인식기술, 사물인식기술, 인공지능기술 등은 이미 실용화되었다. 이러한 인식기술은 정보통신기술과 융합하여 스마트 농업, 스마트 공장, 자율주행자동차, 서비스 로봇 등이 크게 발전하고 있다.

셋째, 전문 분야의 경우에는 관련 전문가의 조언을 받아야 한다.

현대 사업사회에서는 정치, 경제, 사회, 과학 등에 대한 가치들이 매우 세분화·다원화되어 있다. 따라서 관련 분야의 전문가가 아니면 그에 관한 정확한 정보를 알 수가 없다.

예를 들면 사람의 심장질환, 암, 고혈압, 당뇨, 성인병 등 각종 질병이 악화되기 전에 전조 증상이 나타난다. 하지만 환자의 감각능력만으로는 자신의 질병이 무엇인지를 잘 알 수가 없다. 그래서 의사의 정밀진단이 요구된다.

오늘날은 산업별로 전문가를 공인하는 자격증들이 많이 있다.

여기서 세무사의 예를 들어 보자.

보통사람은 세무행정에 대해 잘 모른다. 그래서 세무사가 세무민원대행, 세무조정계산서 작성, 조세상담자문, 세무관서의 처분에 대한 의견진술 등을 대리해 준다.

그리고 전문 직업 분야도 수두룩하다. 변호사, 감정평가사, 관세사, 공인노무사, 공인회계사, 법무사, 변리사, 공인중개사, 행정사 등 전문영역의 지식이나 정보를 취득하거나 또는 그와 관련된 민원 등 문제를 해결하려면 관련 분야 전문가의 지원이 필수적이다.

그런데 제4차 산업사회로 발전하면서 인공지능기술이 전문직종의 시대가 다가오고 있다. 반면에 변호사, 세무사, 공인회계사심지어 운전사까지 퇴화될 직종으로 떠오로고 있다. 반면에 법률상담, 세무상담, 회계상담 등도 인공지능 프로그램이 속속 등장하고 있다.

넷째, 모의실험이나 임상실험으로 검증하는 기법이다.

인간의 감각기관은 물론 과학적 도구로도 정밀진단이 어려운 경우도 많다. 이러한 경우 실제 상황을 가정한 실험방법이 요구된다. 그러나 대규모 토목실험이나 자연재해실험 또는 의약 임상실험은 성격상 실제 상황을 재현하기가 힘들다. 왜냐하면 현실과 똑같은 사건이나 생활을 재현하기가 어렵기 때문이다. 따라서 실제 상황의 규모를 작게 하여 유사한 조건으로 만든 다음 모의실험을 해 보는 경우가 있다.

예를 들어 수리모의실험은 자동차 주행실험, 건축물 풍동실험, 강물이나 해일의 수리모형실험, 노후건축물 안전도 실험, 신약개발 임상실험, 구조물 풍동실험, 인성검사와 적성검사 등 다양하다. 임상실험은 주로 신약품 개발과정에서 안전성과 약효능을 검증하는 실험이다. 동물시험에 이어 사람을 대상으로 할 때 주로 응용된다.

제4차 산업사회에서는 신기술, 신공법, 신소재 등이 쏟아지고 또한 이러한 첨단기술을 응용한 제품들이 연이어 나오고 있다. 그러나 산업기술의 생산성, 안전성, 효용성, 가성비 등에 대한 검증이 필요하다.

다섯째, 자연생태계의 변화하는 경향이나 현상을 활용하는 기법이다.

자연생태계의 전조 증상을 정확히 알아낼 수 있다면 그것은 미래의 예측에 큰 도움이 될 수 있다. 동식물 등은 적자생존의 원리에 따라 진화해 왔다.

① 겨울철에는 추위를 피하기 위해 곰이나 뱀처럼 굴 속에서 동면하고 봄이 되면 밖으로 나와 먹이를 구하고 짝짓기를 시작한다.

② 갈라파고스에서 살아가는 거북은 크게 두 종류가 있다. 수풀에 사는 거북은 목이 짧지만 수풀이 없는 데 사는 거북은 나뭇잎을 따먹기 위해 목이 점점 진화하여 길어졌다.

③ 대머리독수리, 송장벌레 등 청소 동물들이 갑자기 나타나면 분명 주위 어딘가에 시체나 배설물 등이 있다.

동물 등 생명체들도 자연생태계에 순응하며 생존을 위해 감각기관을 진화시켰다. 여기에 지진에 대한 동물들의 양태를 알아보자. 동물들은 지각운동이 일어나기 전에는 미리 그 위기를 감지하고 기이한 행동을 한다.

① 개들은 무슨 영문인지 심하게 짖고, 소들은 왔다갔다 어쩔 줄 몰라 한다.

② 땅속에 있던 뱀, 지렁이 등이 떼로 땅 위로 기어나온다.

③ 까마귀가 무리지어 날면서 큰 소리로 울어댄다.

④ 돌고래는 큰 소리를 내면서 행동도 거칠어진다.

따라서 인간들은 동식물들의 움직임을 통해 지진을 미리 감지

할 수 있다.

여섯째, 경제사회 관련 통계지표는 과거, 현재, 미래에 대한 정보를 알 수 있게 한다.

공공정책이나 기업 경영의 실적이나 평가 그리고 미래를 예측하는 데 경제사회 관련 각종 통계지표는 매우 중요한 기초자료가 된다. 먼저 사회지표에는 인구, 가구, 고령인구, 출산율, 사망률, 소득과 소비 등에 관한 정보를 알 수 있다.

경제지표는 매우 다양하다.

① 국민소득 통계, 생산자지수, 재고지수 같은 생산활동 지표

② 금융지표로는 재정수지실적, 통화발행고, 전국 은행 예금

③ 무역수지지표로는 수출인증, 수입송인, 수출입신용도

④ 노동관계지표로는 고용지수, 임금지수

⑤ 주식지표로는 주가지수 등이다.

특히 인간의 건강관리에 대한 관심이 증대됨에 따라 이와 관련된 건강의학 통계도 발전하고 있다. 이를테면 고혈압 등 성인병, 암의 완치율, 장수식품과 인간 수명, 소금과 설탕 등 성인병 유해진단, 오염 물질과 건강 유해성 상관관계 통계 등이다.

이러한 각종 정보는 정부 정책이나 기업 경영에서 매우 유익하게 활용된다. 경영방침이나 투자결정, 제품개발 수요조사, 시장예측 등을 파악하는 데도 유익한 정보가 되기 때문이다.

03

정밀진단도 방해 요소가 있다

　의사들이 명의가 되려면 적어도 두 가지 자격이 요구된다. 하나는 환자의 질병이 무엇인지 정확하게 진단할 수 있어야 하고, 다른 하나는 그 질병을 치료할 수 있는 정확한 처방을 할 수 있어야 한다.

　공사 분야의 최고경영진도 지혜로운 의사결정을 하려면 이와 비슷한 상황에 처한다. 말하자면 현안 문제가 무엇인지 진단할 수 있어야 하고, 그 해결 방법이 무엇인가를 찾아내고 그 대안을 제시할 수 있어야 한다. 따라서 최고경영진이 의사결정을 할 때 정확한 현황 진단과 대안 마련의 처방에 실패하면 자칫 정책 실패나 경영 부진으로 나타날 수 있다.

　앞 장에서 완찰6법을 응용한 정밀진단기법을 알아보았지만 결코 그 방법도 언제 어디서나 만능은 아니다. 왜냐하면 정밀진단을 방해하는 요소들이 많기 때문이다.

일반적으로 대부분 의사결정은 다음 다섯 단계로 이루어진다.

① 문제인식 → ② 현상진단 → ③ 대안마련 → ④ 대안선택 및 실행 → ⑤ 평가와 환류이다. 여기서 만일 어떠한 의사결정과정에서 여러 결함이 생기게 된다면 그 후에 일어나는 모든 과정이나 결과에 하자가 발생하게 된다.

그렇다면 인간 사회의 오류의 원인은 무엇일까?

큰 틀에서 편견 오류의 원인과 함께 효과론에 의한 오류(도표 47)로 나눠 볼 수 있다.

먼저 편견 오류의 원인부터 알아보겠다.

첫째, 원초적 오류이다.

보통 사람들은 종교적 신앙이나 신념에 따라, 또는 과학적인 원리는 따지지 아니하고 덮어놓고 그냥 믿는 경우가 많다. 말하자면 어떠한 사상이나 진리를 맹목적으로 믿는 일이다.

특히 원리주의 믿음을 가진 사상은 더욱 그러하다.

과학기술이 발전하고 합리적 이성주의가 강화되자 원초적인 오류가 많이 확인되거나 뒤집어지고 있다.

① 기독교 사상이 지배하던 중세 이전의 서구사회에서는 '하늘 (태양)이 지구를 돈다'는 주장(천동설)이 진실처럼 보편적으로 인정이 되었다. 하지만 과학기술이 점점 발전하던 16세기에

인간의 여섯 가지 편견 오류(도표 47)

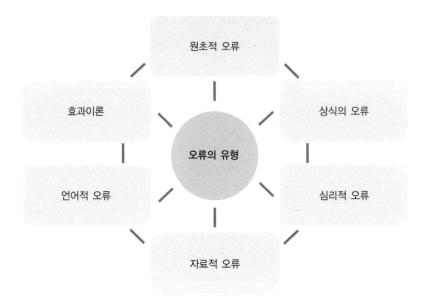

이르러는 '지구가 하늘(태양)을 돈다'는 주장(코페르니쿠스의 지동설)을 하였고, 이것은 망원경의 발명 등으로 확인되었다.[32] (신앙학술적 오류)

동양 사회에서는 전통적으로 하늘은 둥글고 지구는 네모나다는 천원지방(天圓地方) 사상이 지배해 왔다. 그러나 서구의 학문과 과학기술이 도입되면서 점점 그 사상은 약화되었고,

---

32) 천동설 : 지식백과, 시사상식사전, naver 검색

17~18세기 이후로는 더 이상 유효하지 않게 되었다.[33]

② 헌법은 모든 법률의 근거가 된다. 따라서 법률은 상식적으로 헌법에 적합하게 제정되었다고 생각하는 경우가 많다. 그러나 위헌결정, 헌법불합치결정 등으로 뒤집히는 경우가 많다. 이것은 원초적 오류의 일종이다.(법적 오류)

③ 기독교에서는 천지 만물은 하느님이 만들었다는 천지창조설을 절대적으로 믿어 왔다. 빛, 하늘, 땅, 바다, 동물, 사람 등을 만들었다고 굳게 믿어 왔다.

그러나 영국의 찰스 다윈(Charls Dawin, 1809~1882)은 과학적 방법으로 천지 만물은 진화로 생성, 소멸하고 변화 진화하고 있다는 과학적 사실을 입증하였다.[34]

④ 19세기에는 자유시장경제와 사회주의경제 간의 우월성에 관한 찬반논쟁이 있었으나 오늘날은 체제경쟁에서 이미 사회주의보다 자유시장경제의 우월성이 입증되었다. 러시아, 중국 등 사회주의 종주국가들도 이제는 자유시장경제 체제로 운영되고 있다. 따라서 오늘날은 공산주의는 몰락했고 사회주의도 거의 퇴조하였다.(사회주의체제 실패)

⑤ 의약품, 건강식품은 공인기관에서 임상실험을 하기 때문에

---

33) 천원지방사상 : 지식백과, 한국민족문화 대백과, naver 검색
34) 다윈의 진화론 : 지색백과 최재천 교수의 다윗 2.0, naver 검색

안전성, 약효성을 신뢰한다. 그러나 인간에게 치명적인 부작용이 나타나서 제조와 판매를 취소하거나 중지하는 경우가 많다.(의약품 부작용)

이상과 같은 원초적 오류는 사회적 갈등이나 불신의 원인이 되기도 한다.

둘째, 상식의 오류이다.

일반 대중들이 상식으로 알고 있는 지식이 사실이 아니거나 또한 진리로 여겼던 것이 오류로 밝혀지는 경우가 많다. 상식의 오류는 대중들에게 큰 피해를 줄 수 있다.

그렇다면 상식 오류의 원인은 무엇일까? 여러 가지 사례가 있다.

① 중국의 만리장성은 달에서도 육안으로 볼 수 있다고 한다. 그러나 과학적으로 보면 낭설에 불과하다. 만리장성의 폭은 10~30m에 불과한데 달과 지구의 거리는 30만km나 떨어져 있다.[35] 인간의 시력으로는 불가능하다. 그러나 고성능 망원경으로 보면 가능할 수 있다.

② 모유(母乳)가 갓난아기에게 완벽한 식품이라고 하는 것에는 이견이 있다. 모유가 좋다는 것에는 공감하지만 완벽한 식품이라는 데는 의구심이 든다. 모유는 지방과 탄수화물이 적절

---

35) 만리장성 : 상식의 오류, 잡동사니 베싸메, naver 검색

하게 혼합되어 있고, 일반 우유의 철성분보다 모유의 것이 아기 몸에 잘 흡수되는 것이다. 그러나 모유에는 비타민D가 전혀 들어 있지 않아 완벽한 식품이라는 것은 자칫 위험한 믿음이 될 수 있다.[36]

③ 고조선의 이름은 일반적으로 이성계의 조선과 구별하기 위해 붙여졌다고 하는데 이것도 잘못된 상식이다. 태조 이성계가 조선을 건국하기 전에 이미 고조선이 있었기 때문이다. 일연(一然, 고려시대 승려)이 저술한 《삼국유사》에 이미 위만조선과 고조선으로 나눠 기록되어 있다. 일연은 위만조선과 고조선을 구분하기 위해 고조선이라는 용어를 사용한 것으로 보인다.[37]

셋째, 사람의 마음을 움직여 설득하려는 심리적 오류이다.

의사결정자가 상대에 대하여 이미 심리적으로 마음을 움직여 설득해 보려고 작정을 하는 경우에는 오류가 생기기 쉽다.[38]

① 동정, 공포, 증오, 아첨 등과 같은 감정과 감성으로 호소하는 경우

---

36) 오류의 상식오류 : 상식의 오류사전, 기독교상식방 주의뜰, naver 검색
37) 고조선의 상식오류 : 고조선 연구와 상식의 몰락 그리고 역사의 상실, naver 검색
38) 심리적 오류 : 지식백과 오픈백과 논증과 오류, naver 검색

② 사랑, 쾌락, 재미, 유혹 등 감성적 마음으로 유인하려는 경우

③ 동창, 친지, 지인 등 사적인 인연에 호소해 할 수 없이 동의를 하는 경우

④ 권력, 압력, 인신공격, 동문서답 등에 의거하여 간접적으로 상대를 압박하는 경우

⑤ 당해 분야의 권위자의 주장을 빌려서 그에 순간적으로 속아서 논리적이지 못한 결론을 유도하게 하는 경우

⑥ 이해당사자들의 부정적 또는 긍정적 의견을 원천적으로 봉쇄하려고 작정을 하는 경우

특히 조직 갈등에 관한 심리적 오류를 제시한 경우도 있다. 크게 네 가지가 있다.[39]

① 비상식적 오류이다. 이것은 무조건 내가 옳다고 생각하는 경우이다.

② 내현성적 오류이다. 이것은 외모, 학벌, 출신, 성별, 직업 등 단편적 모습만 보고 사람을 평가하는 경우이다.

③ 행위자 편향의 오류이다. 내가 하면 로맨스이고 남이 하면 불륜이라고 생각하는 경우이다.

④ 독명성 과정의 오류이다. 말하지 않아도 상대발이 알아줄

---

39) 조직갈등의 심리적 오류 네 가지 : 대학원 생활 미스터리, 2017년 11월 7일

것이라고 판단하는 경우이다.

또한 자기 확신에 의한 오류가 있다. 앞서 말한 대로 영국의 심리학자 피터 웨이슨이 제시한 자기확증편향이론이다. 즉 자신의 신념과 일치하는 정보는 쉽게 받아들이고 그렇지 않은 것은 아예 무시해 버리는 경향이다. 사람들이 자기 확증의 함정에 빠지면 옳고 그름, 선악, 진위 여부에 대한 판단이 흐려진다.

넷째, 데이터 정보 등에 관한 자료적 오류이다.[40]

① 특정 정보를 강조하면서 전체가 옳거나 그른 것으로 확대하여 해석하는 경우(성급한 일반화)

② 대상들 간 비교를 할 때 거의 유사성이 없는데도 마치 유사한 것처럼 과장법을 써서 무리하게 해석하는 경우(잘못된 유추)

③ 정보가 양과 질적인 면에서 정확하지 못한데도 미리 정확한 것처럼 억지를 부리며 왜곡하려는 경우(무지와 억지)

④ 어떤 원리와 원칙을 절대적이고 보편적인 것으로 간주하여 융통성을 발휘하지 못하게 한 경우(원리주의적 오류)

⑤ 실험이나 조사에서 전혀 예상과 다른 결과가 나왔는데도 마치 그것까지 의도하고 있었던 것으로 간주하여 해석하는 경우(해석의 확대, 축소 왜곡)

---

40) 자료적 오류 : naver 블로그 검색(2007년 5월 14일)

⑥ 앞의 사실과 뒤의 결과가 거의 관계없는데도 미리 인과관계
가 있는 것처럼 왜곡하는 경우(인과관계 오류)

⑦ 시비, 선악, 미추, 선후 등의 가치에 대한 흑백논리를 내세
우면서 그 중 하나를 선택하고 단정을 하여 무엇을 강제하
려는 경우(흑백논리)

다섯째, 언어적 편견 오류이다.[41)]

① 유사한 용어를 사용하면서 구태여 복수 이상의 뜻으로 해석
을 하는 경우(유사 용어의 혼동)

② 어떠한 문장이나 용어는 본래 의미가 있다. 그런데도 별도
로 재구성하거나 재정의를 하여 잘못된 결론을 내려는 경우
(별도의 의미로 재구성)

③ 문제의 핵심을 특정 문장이나 단어를 사용하여 오인하도록
하는 경우(특정 문장 왜곡)

④ 처음부터 어떠한 문제가 있다고 가정하여 결과가 어찌되든
문제가 애당초부터 있었다고 주장하는 경우(예단오류)

⑤ 추출한 표본 그룹들이 아예 범주가 서로 다른데도 마치 동일
한 범주처럼 꾸며서 혼동을 일으키게 하는 경우(표본오류)

⑥ 경우의 수에 따른 상황의 유불리가 나타나도 이런저런 속담

---

41) 언어적 오류 : 국어사전단어 표준국어사전, naver 검색

을 내세워 방향을 유리 또는 불리하게 유도하는 경우(조작 오류) 등이다.

여섯째, 사람들이 즐겨 사용하는 효과이론을 통하여 오류의 원인을 알아낼 수 있다.[42]

여기서 효과이론이란 의사결정 과정에서 크게 원인이나 과정 또는 결과에 영향을 미치는 요소들을 말한다. 사회학이나 심리학에서 효과이론이 많이 연구된다.

최고경영자가 대내외 자극으로부터 영향을 받는다. 여기서는 효과이론을 통해 주요 의사결정을 할 때는 다양한 대내외적 자극에 주 영향을 받는다. 이것이 효과이론에 의한 오류이다. 의사결정을 왜곡시키는 효과이론(도표 48)의 예를 들어 보겠다.

① 후광효과(halo effect)

일부의 효과가 일부의 대상에게 긍정적 또는 부정적으로 나타나게 되는 경우가 많다. 그러나 전후 사정을 따지지 아니하고 보편적 일반론으로 해석하여 전부에 대하여 똑같이 긍정

---

42) 효과이론 : 후광효과, 낙인효과, 초두효과, 알레르기효과, 최면효과, 플라시보효과, 노시보효과, 가짜효과, 밴드웨건효과, 반사효과, 침묵의 나선효과, 탄환효과, 지색백과, 경제용어사전 등, naver, daum 검색

또는 부정적으로 영향을 미친다고 오인을 한다.

② 낙인효과(labeling effect)

어느 사람의 특정행위에 대하여 어떤 실수를 하는 경우 다른 행위에 대해서도 성급하게 예단을 하면서 실수할 것처럼 결론을 짓는 경우이다.

③ 초두효과(primacy effect)

어떤 사람의 특정행위에 대한 첫인상이 좋은 이미지 또는 나쁜 이미지로 인식이 돼 버리는 경우가 있다. 그런데 그 이후로는 그 사람이 하는 모든 다른 행위까지 덮어놓고 첫인상에 대한 이미지가 그대로 좋게 또는 나쁘게 확장되어 나타나는 효과이다.

④ 알레르기효과(allergy effect)

특정한 음식을 먹고 체하거나 구토를 일으켜 심한 고통을 받는 경우가 있다. 이러한 고통을 경험하게 되면 다음부터는 아예 해당 음식을 기피하고 심지어 냄새까지 몹시 싫어한다.

⑤ 최면효과(hypnotic effect)

어떤 사람이 특정한 상황에 빠지게 되거나 취하게 되는 경우 정상적인 이성이나 감성 그리고 판단까지 잃어버린다. 그 후 유사한 상황에 직면하면 그와 동일한 효과가 일어나는 현상을 말한다.

정밀진단을 가로막는 효과이론(도표 48)

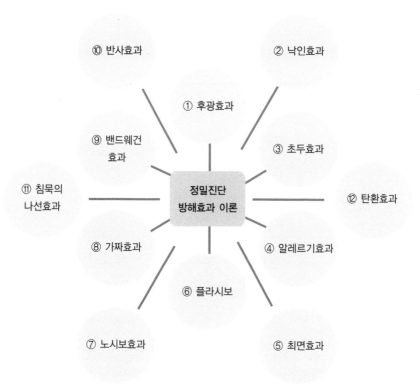

⑥ 플라시보효과(Placebo effect)

의사가 환자에게 '가짜 약'을 주면서 이 약을 먹으면 아픈
것이 훨씬 호전될 것이라고 말하면 실제로 병세가 크게 호
전되는 효과가 나타나게 된다.

⑦ 노시보효과(Nocebo effect)

의사가 이 약을 먹으면 해롭다고 경고한다. 그러나 나중에

약의 효과가 없는 '가짜 약'을 주더라도 병세가 악화되는 것을 말한다. 플라시보효과의 반대 뜻이다.

⑧ 가짜효과(fake effect)

사실 가짜인데 수백 번 진짜라고 이야기하면 진짜가 되고 진짜도 가짜라고 반복적으로 주문을 하면 진짜라고 믿는다는 효과이다. 사실 가짜 CCTV를 설치해도 어느 정도 효과가 있다. 오늘날 정치적으로 악용하기 위해 가짜뉴스를 반복해서 보도하면 사람들은 어느새 진짜로 믿는 경우가 많이 있다.

⑨ 밴드웨건효과(band wagon effect)

백화점 고객이 몰릴 때 일행 중 누군가 "80% 세일이고 오늘이 마지막 세일"이라고 홍보하면 고객들이 무더기로 몰려들어 사재기를 하게 된다. 이 경우 다른 사람들도 덩달아 군중심리에 이끌려 사게 된다.

⑩ 반사효과(the opposite effect)

최근 A정당의 지지율은 크게 올랐고 B정당은 크게 떨어졌다. 그렇다면 A정당이 B정당보다 정치를 훨씬 더 잘했다고 말할 수 있을까? 사실은 그렇지 않다. 오히려 B정당이 못했다는 반사효과 때문으로 보는 것이 더욱 설득력이 있다.

⑪ 침묵의 나선효과(the spiral of silence theory)

다수자들이 지지하는 주장은 외부로 자신있게 말을 하지만 소수자의 주장은 외부로 잘 표출되지 않는다. 왜냐하면 소수자의 의견을 적극적으로 표출하게 되면 자칫 다수인들에게 비난을 받거나 고립을 당할 수 있기 때문이다. 그러나 더 큰 문제는 다수의 사람들이 소수의 사람까지 동조하는 것으로 착각하기 쉽다는 점이다. 다만 참과 거짓이 명백히 구별할 수 있는 경우에는 적용되지 아니한다.

⑫ 탄환효과이론(bullet theory)

TV나 신문 등 매스미디어가 특정사안에 대하여 왜곡하여 반복적으로 보도하면 시청자들은 이미 잘못된 정보에 오염되어 사리판단이 불투명할 수 있다. 마치 시청자가 뉴스라는 탄환(보도기사)에 맞아 버려 자칫 시시비비에 대한 분별능력이 희미해진다. 이것은 사람이 총을 맞는 효과와 같다는 뜻이다. 오늘날 매스미디어에 대한 가장 큰 병례현상이기도 하다.

이상의 효과이론은 오류 원인을 해명하는 것들이다.

따라서 최고경영진이 의사결정을 할 때는 필히 이상과 같은 오류의 요인들에 유의해야 한다.

04

시간자원의 경영원리란 무엇인가?

사전적 의미로 '시간자원의 관리'가 기대하는 뜻은 이렇다.[43]

'시간관리 주체에게 주어진 시간을 효율적으로 관리하여 기대하는 목표를 달성하는 데 있다.'

최고경영자들이 새로운 정책 결정이나 투자 결정 등을 모색할 때는 반드시 고려해야 할 사항들이 많이 있다. 자본, 토지, 원료, 기술, 노동 등의 경영자원은 물론 경기 전망, 시장 여건이나 실행 가능성, 타당성, 생산성, 경제성 등이다.

그럼에도 최고경영진들이 종종 간과하기 쉬운 핵심 요소가 있다. 이것이 바로 시간자원(time resource)이다.

시간자원은 네 가지 시테크 전략(도표 49)으로 분류할 수 있다.

---

43) 시간자원의 관리 : 지식백과, 시간관리, 상담학사전, naver 검색

시테크 전략(도표 49)

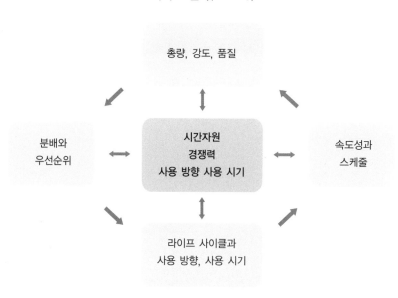

① 시간자원의 총량, 강도, 품질

② 시간자원의 분배와 우선순위

③ 시간자원의 속도성과 스케줄

④ 시간자원의 라이프 사이클, 사용 방향 등과 관련한 아이템

이러한 시간자원의 활용 기회는 누구에게나 균등하다. 그렇지만 사용 주체에 따라 그 효율성은 크게 달라지게 된다. 이를 보정하기 위해 시테크 전략(time-tech strategy)이 필요하다.

그렇다면 최고경영진이 추구하는 시간자원 관리의 목표는 무엇일까?

큰 틀에서 두 가지로 나눌 수 있다. 하나는 경쟁력 확보이다. 시간자원 사용의 효과성, 효율성, 생산성, 수익성 등이 이 범주에 속한다. 다른 하나는 민주성이다. 시간자원 사용의 민주성, 투명성, 공정성, 신뢰성, 형평성, 책임감 등이 이 범주에 속한다.

다음은 시간자원관리의 6대 사용 원칙(도표 50)에 대하여 알아보겠다. 여기에는 큰 틀에서 6대 원리가 있다.

첫째, 속도조절의 원리(speed control principle)는 목표 달성을 위해 시간자원의 분배를 언제 어디서 어떤 방법으로 해야 할 것인지에 대한 문제이다.

마라톤은 속도조절의 원리가 잘 적용되어야 한다. 마라톤선수가 마음이 급하다고 100m 단거리 경주의 속도로 달려서는 아니 된다. 처음부터 체력이 소진되어 막판에는 힘이 떨어지기 때문이다.

이처럼 속도조절의 원리가 특별히 고려되어야 할 분야는 광범위하다. 신기술 개발과 출시, 신차나 부품 개발과 출시, 광고 시간대, 계절별 제품이나 세대별 모델, 스포츠용 장비나 의류 등이다.

재화나 서비스의 공급이 수요보다 많거나 그와 반대로 된다면 가격 조절 기능이 무너지기 쉽다. 국내에서 사과나 배추 등 농산물이 풍작을 거두었는데도 불구하고, 만일 외국에서 유사 농산물을 대량 수입하게 되면 국내 생산자들은 큰 손해를 볼 수 있다.

시간자원관리의 6대 어젠다(도표 50)

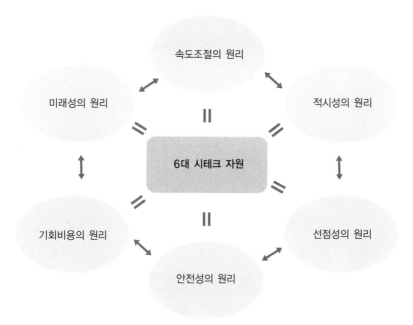

둘째, 적시성의 원리(timing principle)인데, 공공정책이나 기업 투자도 이 원칙에 충실해야 한다.

첨단기술을 응용한 신제품 TV를 개발하는 데 성공했다고 하더라도 아무 때나 출시한다고 매출이 껑충 뛰는 것은 아니다. 예를 들어 올림픽 경기, 월드컵 대회, 전자박람회 등 국제적인 이벤트 시즌에 맞춰 출시한다면 더 좋은 판촉 효과를 얻을 수 있다.

이것이 타임 마케팅 전략(time marketing strategy)으로 의류 같은 계절상품이나 기념품 등 시즌 상품, 피서나 아이스크림 등 여름

상품은 모두 그러하다. 대체로 비수기에는 다음 계절에 유행할 신제품을 미리 설계하고 생산할 준비를 해야 한다.

셋째, 선점성의 원리(preoccupation principle)를 노려야 한다.

신제품의 시장점유율을 올리려면 선점 효과가 있어야 한다. 제품광고에서 흔히 '100년 전통'이니 'Since 1900 year'라고 표현하는 의도 또한 동종의 상품 중 선두주자라는 사실을 알리려는 일종의 홍보 기법이다. 사실 가전제품의 신뢰도는 A사가 선두이고 조미료 하면 B사가 최초이며 라면하면 C사가 최고라는 이미지가 있다.

이러한 선점성의 원리는 다양한 분야, 즉 신기술, 신소재, 신공법, 신상품, 신모델 등에 적용된다.

하지만 더욱 중요한 것은 제품의 시장지배력이다. 신제품의 성능이 뛰어나더라도 시장에서 선점하지 못하면 그 판촉 효과가 반감될 수 있다. 여하튼 초스피드 경쟁사회에서 선점성의 원리는 더욱 중요하다.

넷째, 안전성(safety of time resource)의 원리이다.

신소재, 신약품 등 첨단 제품이나 TV, 냉장고, 에어컨 등 가전제품은 무엇보다 소비자의 신뢰도가 중요하다. 선점 효과를 누리려고 밀어내기식의 제품 출하에 너무 집착하다 보면 자칫 예상하지 못한 안전사고가 일어난다.

최근 출시된 신형차의 브레이크에 품질 결함이 나타나고 스마트폰 배터리 폭발 등 품질 결함 사건이나 식품에서 농약 검출 등 유해성 문제가 나타나는 경우는 안전성의 결함이다. 따라서 제품의 안전성 테스트 검증이 꼭 필요하다.

이러한 안전성 검증은 전기용품, 항공기, 식품, 공산품, 자동차 등 다양한 분야에 인증제도가 있다.

유럽과 미국의 정보통신사들이 개발한 원천 및 응용기술과 관련한 신제품 개발은 시장 출하에서 선점 효과를 톡톡히 누렸다. 그렇지만 오늘날은 후발주자인 일본이나 한국 등 가전업체에게 추월 당하였다. 이것은 품질과 가격, 디자인과 편리성 등의 경쟁력에서 뒤졌기 때문이다.

휴대폰 시장의 경우 2000년 초까지는 핀란드의 노키아(NOKIA) 제품이 세계 시장을 석권하였다. 그러나 2000년대 중반 들어서 미국 애플(APPLE)사가 스마트폰을 출시하였고, 이어 삼성전자의 첨단기술을 적용한 스마트폰을 개발 출시하였다. 그러자 노키아 제품은 첨단기술 개발 속도에서 뒤처지자 결국 파산하고 말았다.

다섯째, 시간적인 기회비용의 효과(opportunity cost effect)에 유의해야 한다. 최고관리자가 자사가 보유하고 있는 자본, 기술, 시간 자원 등을 부동산 개발사업에 투자하는 것이 유리할까? 아니면 공채나 사채 매입, 증권투자 등 금융산업에 투자하는 것이 더욱 유리할까? 이를 판단하기는 어렵다.

이런 상황에서 최고경영자는 시간자원을 포함하여 또다른 자원들에 대한 비용편익분석, 비용효과분석, 투자수익률분석 등을 통하여 과연 무엇이 유리한지를 검토하게 된다. 그렇지만 투자경영의 방향에 따라 분석 기준은 다를 수밖에 없다.

기업 경영 분야라면 시장점유율 제고, 경쟁력 향상, 투자수익률분석을 하게 될 터인데, 이때는 주로 상업적 수익 효과에 무게를 둘 것이다.

공공분야에서는 공익성, 투명성, 형평성, 수익성, 효율성, 생산성 등을 혼합하여 평가하겠지만, 대부분 공익성이 수익성보다 우선해야 할 것이다.

그러나 여기서 말하는 기회비용분석은 여러 분야, 즉 ① 자본이나 금융 기회비용 ② 시간의 비용 ③ 노동의 기회비용 ④ 지식이나 정보의 기회비용 ⑤ 재료나 원료의 기회비용 ⑥ 기술개발이나 기술임차의 기회비용 ⑧ 물류수단의 비용 등에 쓰인다.

여섯째, 미래성의 원리(futurity principle)이다.

시간자원은 종적으로 과거·현재·미래의 세 개 자원으로 나눌 수 있고, 횡적으로는 사업장별·사업영역별·자원종류별 또는 아이템별로 나눠 볼 수 있다.

여기서 최고경영진은 대체로 횡적인 시간자원의 관리에는 큰 비중을 두고 있지만 종적인 미래 시간자원에 대한 관심은 비교적 덜한 편이다. 왜냐하면 최고관리자는 우선은 현안 문제 해결에 얽매어 있기 때문이다. 사실 수익률 또는 매출액 또는 사건사고 해결 등에 매몰되기가 쉽다.

공공정책이나 기업 경영에서 미래 프로젝트의 대상은 다양하다. 그러나 공통적인 것은 미래의 경쟁력을 높이고 지속 가능한 성장도 도모해 가야 한다는 점이다.

이를테면 차세대 성장동력 개발, 혁신적 첨단기술 도입, 차세대 산업과 차세대 상품 개발, 신흥시장 진출 또는 위기에 대비한 계획 등을 꼼꼼히 세워 나가야 한다.

사실 세계 및 한국의 100대 기업 중 해마다 수십 개씩 탈락하거나 후순위로 밀리고 또한 새로운 업종의 신흥기업들이 진입을 하거나 앞순위로 올라선다.[44]

이것은 최고경영진이 미래의 유망산업이나 사양산업이 무엇인가를 정확히 진단하고 경영전략을 올바로 수립하고 시행하는 데 성공하거나 실패를 하였기 때문이다. 바로 시간자원 관리의 원리 (도표 51)를 염두에 두어야 한다.

---

44) 세계 및 한국의 100대 기업 : 세계 100대 기업, 지식백과, naver 검색(2019년 9월 3일)

시간자원 관리의 6대 원리 비교(도표 51)

원칙	내용	비고
속도조절의 원리	목표 달성을 위해 시간자원의 배분은 언제, 어디서, 얼마나, 어떤 방법으로 할당하느냐의 문제다.	마라톤 선수의 속도조절
적시성 원리	신제품의 제조와 출하는 수요와 공급의 시장 상황에 적합하게 시기를 맞춰야 한다.	출하 시기를 놓치면 재고로 남을 수 있다.
선점성 원리	첨단소재와 첨단기술 제품은 시장점유율에서 선점하지 못하면 후발주자에게 추월당할 수 있다.	시장 점유율 선점
안전성 원리	신소재나 첨단제품이 경쟁사와의 출하 경쟁에 매몰되어 제품의 안전성이나 결함을 초래하면 시장에서 선점할 수가 없다.	제품 결함으로 신뢰도 추락
기회비용의 원리	기업 경영은 수익성, 공공부문은 공공성을 중시한다. 그러나 수익성이든 공공성이든 상호간 조화시켜야 한다.	수익성과 공공성 조화
미래성의 원리	과거·현재·미래의 시간자원 분배를 선후 고려해야 한다. 자칫 현재 문제에 집착하다 보면 기술개발, 인재관리, 시장개혁 등에 차질이 생기기 쉽다.	과거·현재·미래 시간의 적정 배분

미래 비전을 준비하는 일은 초고속 경쟁사회일수록 더욱더 요구된다. 정부나 기업이나 공통적 책임 중 가장 큰 분야는 무엇보다 국민과 고객의 먹거리를 창출해 내는 일이다. 사실 차세대 먹거리 신규 창출에 실패하면 경쟁국가나 후발국가에 추월당하고 뒤처질 것이다. 따라서 최고경영진은 시간자원의 분배에 있어 미래 구상과 관련된 첨단기술 개발, 인재양성, 신흥시장 개척 등에 역점을 두어야 한다.

그러나 최고경영진의 노력만으로 되는 것은 아니다. 종합적인 식견과 경험 그리고 두뇌가 필요하다. 이를 위해 미래 비전 테스크포스(Task Force) 또는 특별위원회 등을 구성하여 운영하는 것도 필요하다.

V. 정의론

도대체 인간의 정의란 무엇인가?

도대체 인간의 정의란 무엇인가?

사람들이 이구동성으로 말하는 정의의 뜻은 각양각색이다. 추구하는 가치가 시대적 상황이나 사람의 입장에 따라 달라지기 때문이다. 그래서 사람들의 정의에 대한 크고 작은 담론은 과거나 현재도 계속하고 있고 미래에도 그치지 않을 것이다.

속박을 당하는 자에게는 자유가 정의일 것이고, 굶주린 자들에게는 빵일 것이고, 차별을 당하는 자는 평등을 고대한다.

먼저 역사적인 세계 석학들의 견해(도표 52)를 들어보자.

첫째, 소크라테스(Socrates, BC 470~BC 399년)의 정의론이다.

그는 정의론을 이렇게 설파하였다.[45]

대중적 다수 의견보다는 전문가의 지식을 존중해야 한다.

석학들의 정의 규범에 대한 담론들(도표 52)

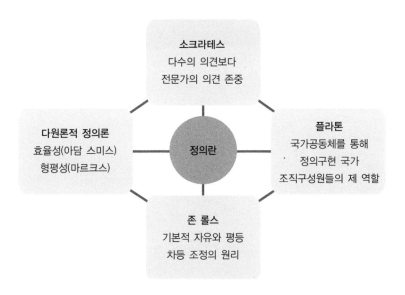

그러면서 그 이유를 이렇게 말하고 있다.

우리는 다수 의견에 따르고 이것을 두려워해야 하는가? 아니면 한 사람의 판단에 대하여 그렇게 해야 하는가?

전문지식을 가진 사람이 있다면 그 앞에서 두려워해야 한다.

말하자면 소크라테스는 전문가의 지식이나 의견에 따르지 않고 전혀 무식한 다수의 판단과 칭찬을 존중한다면 그는 나쁜 일을 겪게 될 것이라고 경고하고 있다.

---

45) 소크라테스 정의론 : 알라딘 서재 악법에 대한 소크라테스 정의론, naver 검색

소크라테스는 전문지식이나 전문영역뿐만 아니라 완벽한 인성을 존중해야 한다고 지적하고 있다. 이러한 그의 인간의 인성론은 무엇보다 윤리주의 사상에 기초하고 있다.

그는 정의를 구현하기 위해 "우리가 마땅히 따라야 할 보편적 진리가 있다. 우리는 보편적 진리를 찾아내고 그대로 살기 위해 영혼을 끊임없이 가꾸고 다듬고 살아야 한다"고 지적하고 있다.

그러나 무엇이 옳고 그르냐에 대한 절대적 정의 기준은 없으며 상황에 따라 다르다.

이와 같이 소크라테스가 '정의의 기준은 절대성이 없다'고 주장하는 근거는 '진리는 주관적이어서 상대적일 수밖에 없다'는 이유 때문이다.

둘째, 고대 그리스 철학자 플라톤(Plato, BC 427~347년)은 국가 정의론를 내세우고 있다.[46]

국가나 조직의 구성원들은 정의로워야 한다.

인간들의 본능적인 탐욕 때문에 부정이 정의를 이긴다. 따라서 국가의 정의를 통해 개인의 정의를 말해야 한다.

따라서 정의는 국가공동체라는 큰 관점에서 바라봐야 한다.

---

[46] 플라톤의 정의론 : 지식백과, 서울대학교 철학사상연구소, naver 검색
　　지식백과 처음 읽는 서양철학사, naver 검색

이러한 관점에서 정의란 국가 구성원이 각자 해야 할 일을 하는 것이 실현되는 것이 정의이다.

국가 구성원들은 절제, 용기, 지혜를 갖추어야 하고 각자 개인도 이성적·기계적·욕구적 부분을 제대로 발휘해야 정의로운 사람이 된다. 국가 구성원들이 자신의 역할을 성실하게 다할 때 정의가 실현된다. 이러한 가치를 지향하는 것이 이상국가이다.

그러나 이상국가가 이루어지려면 구성원들이라 할 수 있는 생산자, 수호자, 통치자가 제 역할을 할 수 있어야 한다.

생산자는 사유재산이 허락되며 결혼도 할 수 있다.

수호자는 용감하고 지혜로운 사람이어야 하고 단체생활을 하며 사유재산이 금지된다.

통치자는 가장 높은 계급으로 애국심을 가져야 하고, 철학적 자질을 가져야 한다. 수호자 계급 중에서 선발을 해야 한다.

철학적 자질이란 진리를 사랑하고 절개가 있어야 하고 재물을 멀리해야 하고 호방해야 한다. 또한 절도가 있고 품위를 지켜야 한다. 국가의 수호자와 통치자들을 길러내기 위해서는 교육활동이 중요하다.

셋째, 미국의 철학자 존 롤스(John Rawls, 1921~2002년)는 정의론에 대해 이렇게 설파했다.[47]

사회적 모든 가치들(자유와 기회, 소득과 부, 인간의 존엄성)은 기본적으로 평등하게 배분되어야 한다. 이러한 가치들의 배분이 불평등하더라도 그 정도는 사회의 최소 수혜자에게 유리하게 되는 경우가 될 때 정의라고 할 수 있다.

여기에는 정의에 대한 세 가지 원칙이 있다.

하나는 기본적 자유의 평등이다. 모든 개인적 자유의 한도는 다른 사람의 유사한 자유와 충돌하지 않아야 하고 또 그 범위 내에서만 인정되어야 한다. 따라서 무한하게 인정되는 것은 아니다.

다른 하나는 차등조정의 원리이다. 기본적 자유에 대하여 평등의 원칙을 지키다 보면 불가피하게 불평등이 생기게 되는데, 이 불평등을 교정해 주어야 한다. 그리고 공정한 기회 균등의 원리와 차별의 원리가 작동되어야 한다.

언뜻 두 가지 원리는 상충되는 것으로 보이는데, 사실은 상충을 하려는 뜻이 함께 담겨 있다.

공정한 기회 균등의 원리란 사회경제적 불평등의 원천이 되는 직무, 직위에 대하여 기회가 균등하게 주어져야 한다는 것이다.

차별의 원리란 사회경제적 입장에서 불평등 정도가 가장 불리하게 작용하는 사람에게도 이익이 되는 경우에만 정당화될 수 있다는 것이다.

두 가지 정의의 원리가 충돌하는 경우에는 기회 균등의 원리가

---

47) 존 롤스의 정의론 : 지식백과, 시사상식사전, naver 검색

차별의 원리보다 우선해야 한다.

이와 같은 존 롤스의 정의론을 보면 중도주의적 입장에 가깝다. 자유의 가치와 평등의 가치가 조화를 이루어야 한다는 뜻이다.

그러나 존 롤스의 정의관은 좌우 세력 모두로부터 비판을 받고 있다. 우파 세력은 자유의 보장이 최대한 이루어져야 하는데 중도주의적 입장을 취함으로써 자유의 범위를 제한할 수 있는 근거를 주고 있다고 비난한다.

반면에 좌파 세력은 원래의 정의가 실현되려면 필수적으로 '완전한 평등'이 요구돼야 하는데 중도주의 입장을 취하고 있어 도리어 '정당한 불평등'을 용인하는 근거를 주고 있다고 비판한다.

넷째, 다원론적 정의관이다. [48]

오늘날 정의 규범은 다양하여 절대적 개념은 존재하기가 어렵다. 그래서 정의 규범은 시대적 상황과 자신의 입장에 따라 달라지고 있다.

오늘날 인류 사회는 가치체제의 분화가 다양화되면서 정의의 중심 코드가 매우 변화를 하고 있다. 이것이 다원론적 정의관이다.

적자생존의 원리는 시대 상황에 따라 정의관에도 그대로 변화하고 있다. 따라서 정의 규범의 기준은 시대적 상황 그리고 사람

---

48) 다원론적 정의관 : 인도 마하트마 간디의 7대 사회악, naver 검색(2016년 7월 9일)

의 입장에 따라 다를 수밖에 없다. 다원론적 입장에서 산업사회에 들어선 이후 등장한 정의론을 알아보겠다.

큰 틀에서 일곱 가지가 있다.

정의 규범에 대한 다원론

① 효율성을 중시하는 시장주의자들(아담 스미스)
② 형평성을 우선하는 사회주의자들(마르크스)
③ 최대 다수의 최대 행복이 선(善)이라는 공리주의자들(벤담과 밀)
④ 동기가 순수하고 과정이 정당해야 한다는 정언 명령론(임마누엘 칸트)
⑤ 사회적 공동체를 위한 옳은 것, 바른 것을 주장한 공동체론자들(마이클 샌델)
⑥ 사회적 약자를 보호하는 것이 선이라는 자들(존 롤즈)
⑦ 다수결의 원칙을 따르는 것이 선이라는 민주주의자들

다원론적 정의 기준은 적극적인 관점에서 바라본 것이다. 그러나 정의의 가치를 지키려는 방어적 관점에서 해석하기도 한다.

인도 수상 마하트마 간디(Mahatma Gandhi, 1869~1948)의 주장이 그러하다. '사회악을 척결해야 정의가 실현된다'는 뜻이다.

그렇다면 인도(나라)를 망치게 하는 일곱 가지 사회악은 무엇일까?

① 원칙 없는 정치(politics without principle)
② 노동 없는 부(wealth without work)
③ 양심 없는 쾌락(pleasure without consience)

④ 인격 없는 교육(knowledge without character)

⑤ 도덕 없는 경제(commerce without morality)

⑥ 인간성 없는 과학(science without humanity)

⑦ 희생 없는 신앙(worship without sacrifice)

이것이 의미하는 바는 '당시 국제사회와 인도에서 정의의 가치가 무너져 있다'는 것을 암시하는 것이다.

02

인간 사회의 분야별 정의 기준은?

앞에서 설명한 바와 같이 정의에 대한 기준은 시대적 상황과 개인의 입장에 따라 다르다. 그렇다면 시대나 입장을 초월하며 누구에게나 용인될 수 있는 보편적 정의의 본질은 없을까? 매우 어려운 질문이다. 하여튼 여기서는 현대 산업사회를 중심으로 그 의미를 풀어보겠다.

현대 산업사회의 특징은 인간의 가치체계가 매우 다양하게 분화되었다는 점이다. 따라서 정의가 무엇인가를 판단하는 기준도 다를 수밖에 없다. 그렇더라도 오늘날의 시대 상황을 다음과 같이 전제하면서 그 의미를 얘기해 보겠다.

① 현대 산업사회는 자유민주주의와 시장경제를 근간으로 하고 있다. 대부분이 이러한 이념을 지지하고 있다.

② 현대 산업사회는 환경파괴, 빈부격차, 인권침해 등 부작용이

매우 심각하여 지역·인종·계층 간 갈등이 심화되고 있다.

③ 현대 산업사회의 부작용을 치유하면서 인류의 번영을 위한 성장은 계속되어야 한다. 이것이 지속가능한 성장이론이다.

④ 정의의 원칙을 말할 때 시공을 초월하거나 만인이 동의하는 절대적 기준은 존재하기 어렵다. 따라서 정의 규범에 대한 기준을 설계하려면 무엇보다 일반 국민이 공감하거나 용인할 수 있어야 한다.

생각하건대, 대체로 정의냐 아니냐를 판단할 때 기준으로 삼는 정의의 3대 기준(도표 53) 요소가 있다.

① 제1원칙(동종대등의 원칙)

② 제2원칙(기회균등의 원칙)

③ 제3원칙(차등조정의 원칙)이 그것이다.

여기서 정의의 3원칙(도표 54)을 구체적으로 풀어보겠다.

첫째, 정의의 제1원칙인 '동종대등의 원칙'이다.

이 원칙은 정의의 본질은 같은 것들은 같게 대우하고 다른 것은 다르게 처리해야 한다는 것이다.

① 같은 것들을 다르게 처리하다 보면 자칫 특혜나 차별이 될 수 있기 때문이다. 따라서 형평의 원리에 어긋나게 된다. 예를 들어 정상인과 장애인이 마라톤 경기를 할 때 똑같은 경기

정의의 3대 기준(도표 53)

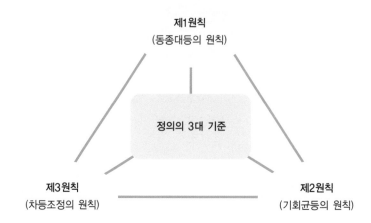

정의의 3원칙(도표 54)

구분	내용(예시)
정의의 1원칙 (동종대등의 원칙)	정의의 본질은 같은 것은 같게 다른 것은 다르게 적용되어야 한다. 이것을 위반하면 차별이 생긴다. 예를 들면 달리기 대회를 할 때 정상인과 장애인을 동일한 경기기준에 따른다면 그것은 정의가 아니다.
정의의 2원칙 (기회의 균등원칙)	정의를 구현하는 과정에는 기회가 균등해야 한다. 이런 원칙을 위반하면 반정의가 된다. 권리와 의무, 권한, 책임은 동등해야 한다. 권한보다 책임이 크거나 권리보다 의무가 커도 안 된다.
정의의 3원칙 (차등조정의 원칙)	아무리 정의의 1,2원칙대로 설계하고 시행을 하더라도 결함이나 부작용이 나타난다. 이것이 차등으로 나타난다. 예를 들면 빈부격차, 인권문제, 노사갈등 등 부작용들이다. 이때 차등조정을 통해 자원의 재분재가 필요하다. 누진적 조세, 보조금 정책, 기초수급자와 정책, 노인 등의 복지정책, 건강보험 등 4대보험

규칙을 적용하게 된다면 장애인이 불리하게 된다.

② 이 원리는 누가 권리를 갖게 되면 의무도 같은 수준으로 감당을 해야 한다는 뜻이다. 누군가에게 권한이 주어지면 그에 대한 책임도 함께 져야 한다. 이것이 권한과 책임의 일치 원칙이다. 또한 양과 질의 면에서 권리와 의무도 일치되어야 한다.

예를 들면 형사소송법에는 검사에게 수사와 기소의 권한을 주고 있다. 그런데 피고인에 대한 인권침해나 청탁수사를 하였다면 그에 합당한 책임도 물어야 한다는 뜻이다.

둘째, 정의의 제2원칙은 '기회균등의 원칙'이다.

정의의 구현 과정에서는 기회가 균등해야 한다는 뜻이다.

대한민국 헌법에는 국민의 병역의무와 납세의무가 있다. 따라서 특정인에게 법령을 위반하여 면제 등 특혜를 주면 안 된다는 뜻이다.

대학 입학시험이나 기업 취업시험에 일정한 자격을 가진 사람이라면 기회가 똑같이 주어져야 한다. 고용세습, 특혜입학, 부당채용 등은 기회균등의 원칙을 배반하는 것이다.

또한 업무 기여도에 따라 소득이 배분되어야 한다. 권리만 주장하고 의무는 이행하지 않거나 권한만 행사하고 책임을 기피하려는 것은 이미 정의가 아니다.

이러한 기회균등의 원칙이 작동되려면 무엇보다 절차적 투명성이 담보되어야 한다.

셋째, 정의의 3원칙은 '차등조정의 원칙'이다.

공공부문이나 기업 경영에서는 경영 수익에 대한 공정한 분배가 이루어져야 하고, 노사 간 또는 구성원 간 수익 분배는 일정한 기준에 따라 공정하고 투명하게 이루어져야 한다는 뜻이다.

그러나 분배 문제는 능력의 차이, 장소와 시기의 차이, 경기 상황 차이에 따라서 달라질 수 있다. 따라서 성공한 자는 유능하고 실패한 자는 무능하다고 말할 수는 없다. 왜냐하면 지역과 시대, 경기상황, 돌발사태, 운수 등 여러 요인이 있기 때문이다.

그래서 빈부격차, 후생격차 등이 심각해지면 그것을 보정해 주어야 한다.

정의의 구현 과정에서 시간과 장소 또는 환경의 유불리에 따라 빈부 간 격차, 노사 간 갈등, 근로조건, 보건후생의 차이 등 사회적 문제들이 초래된다. 이러한 사회적 갈등을 수정·보완하는 것이 요구된다. 이것이 바로 차등조정의 원리이다.

공공부문에서 각종 사회보장정책으로 나타난다. 예를 들면 누진세, 상속세, 보조금 등 재정제도는 물론 근로기준법, 노동조합법, 노동쟁의조정법 등 노동3법, 사회복지법, 장애인복지법, 노인복지법 등 복지관련법, 의료보험법, 고용보험법, 건강보험법,

기초연금법 등이다.

그렇지만 공공분야에서는 이러한 사회보장정책을 구현해 가는 과정에서는 그에 합당한 규범들이 있다. 합법성, 윤리성, 투명성, 신뢰성, 공정성, 책임성 등이다.

따라서 공공부문에 이와 같은 차등조정의 원칙을 위반하는 경우에는 그에 합당한 법률적 · 정치적 · 행정적 책임을 지게 된다.

그러나 민간기업의 경우에는 정의의 가치 기준이 다소 다르게 적용된다. 왜냐하면 민간 경영의 존재 이유는 헌법상 자유시장경제 원리를 존중해야 하기 때문이다.

사실 민간기업의 우선 가치는 공공성보다는 수익성이다. 그렇지만 민간 경영의 경우에도 사회적 공동체의 일원이기 때문에 그에 상응하는 사회적 책임과 의무를 져야 한다.

사실 민간 영역의 생산, 매출, 기술, 수출, 고용, 건설, 개발, 안전, 국제교류 등의 활동은 정부 보호 하에 이루어지고 있기 때문이다. 그래서 기업의 사회환원이나 윤리경영 등 사회적 책임 (도표 55)이 뒤따른다.

기업이 성장하고 성공을 거두는 것은 특정한 기업의 혼자 힘으로 이루어지는 것이 아니다. 기업 성장의 배후에는 국가사회적 보호와 지원이 있다. 따라서 기업은 사회적 책임도 져야 한다.

첫째, 민간기업은 공공적 보호 아래 기업 활동을 하고 있다.

기업의 사회적 책임(도표 55)

구분	내용(예시)
기업의 사회환원	① 수익금의 일정부분을 문화, 복지, 교육 등에 투자한다. ② 가성비가 좋은 제품을 만들어 값싸게 공급한다. ③ 장애인, 저소득층 등에게 일자리를 제공한다.
기업의 윤리경영	① 법적·행정적 권리와 의무를 성실히 이행한다. ② 투명성, 공정성, 신뢰성, 형평성, 책임성에 유의해야 한다. ③ 기업의 근로자 보급, 인권존중, 환경보호 등에 기여해야 　 한다.

① 공공부문에서의 직간접적인 법적 보호, 재정 지원 또는 인프라를 이용한다.

② 소비자의 기대수요와 그로 인한 수익이 창출된다.

③ 근로자들이 제공하는 노동력은 사회적 자산이다.

④ 국가나 전문가들이 개발한 기술을 활용한다.

⑤ 노사 간 분쟁의 중재나 사회 치안 유지로 안정적인 경제활동을 한다.

⑥ 해외수출입제도와 영업활동 시스템은 모두 공익적 이익 창출의 인프라들이다.

둘째, 기업 경영의 성공은 기업의 노력도 있지만 기업에 유리한 환경을 만났기 때문이다. 따라서 경영자는 그에 대한 사회적 책임도 크다.

기업 경영 프로젝트가 마침 국가정책과 맞아떨어져 크게 돈을 벌었다면 그것은 일종의 행운을 만난 것이다. 사실 정책자금을 제공하고 세금도 감면해 주고 제품도 대량 구매해 주는 경우가 많다.

국가산업공단이 생겨 싼값에 공장부지를 제공하고 철도나 도로 등 인프라를 마련해 주어 주변의 토지가격이 오르고 노동자들의 일자리 제공 등은 모두가 기업의 혜택이기도 하지만 사회적 책임이요, 의무이다.

03

정의 규범에 관한 가치 기준은?

인간 사회가 추구하는 최고의 가치는 뭐니뭐니해도 행복일 것이다. 그렇지만 인간 사회에서 행복을 구현하는 방법도 정의의 규범에 합당하여야 한다. 이 정의의 규범은 시대적 상황과 분야별 입장, 개인별 처지 등에 따라 달라질 수밖에 없다. 이것이 다원론적 정의관이다.

앞서 설명한 바와 같이 다원론 정의관에 대한 시대별 견해는 어떠했는가?

① 효율성(아담 스미스)

② 형평성(마르크스)

③ 최대 다수의 최대 혜택(벤담과 밀)

④ 동기순수와 과정정당(임마뉴엘 칸트)

⑤ 공동체주의(마이클 샌들)

⑥ 소수자 보호(존 롤스)

⑦ 다수의 이익(민주주의자들)

다음은 정의 규범에 대한 담론을 분야별로 정리해 보겠다.

인류 사회의 가치가 미분화되었던 사업사회에 들어와서 철학자들 사이에 '과연 정의가 무엇인가?'라며 그 기준의 보편적 가치를 찾아내려고 애를 써왔다. 그러나 인류 사회의 가치가 세분화되고 다양화되어 가면서 분야별로 정의를 바라보는 개념도 달라졌다. 따라서 정의가 무엇이냐에 대한 절대적 기준을 말하기는 매우 어렵다.

여기서는 오늘날 현대 산업사회의 상황을 전제로 일반 시민들이 공감하는 수준에서 분야별 정의의 기준(도표 56)은 다음과 같다.

① 세상의 가치가 매우 변화되어 정의 규범에 대하여 다양성을 인정해야 한다.

② 자유민주주의와 시장경제를 존중해야 한다.

③ 현대 산업사회의 부작용도 치유할 수 있어야 한다.

④ 지속가능한 성장이 될 수 있도록 기여해야 한다.

특히 자유민주주의가 성숙하고 표현의 자유, 양심의 자유 등이 보장된 자유민주주의 국가에서는 정의의 규범이 상대적 기준일 수밖에 없다. 빨간 안경으로 세상을 보면 빨갛게 보이고, 노란 안경으로 세상을 보면 노랗게 보이기 때문이다.

분야별 정의 규범의 가치 기준(도표 56)

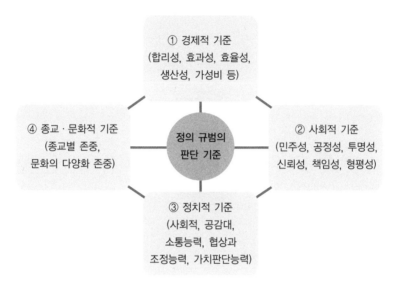

여기서는 정의 규범을 4개 영역으로 나눠 보았다.

① 경제적 기준

② 사회적 기준

③ 정치적 기준

④ 종교 · 문화적 기준

첫째, 경제적 정의 요소(도표 57)이다.

국가 경제개발이나 기업 경영에서는 무엇보다 경제적 정의 기준이 중요하다. 현대 산업사회에서는 목표를 달성하거나 문제를

경제적 정의 요소(도표 57)

요소	내용(예시)
효과성	어느 대안을 채택하였을 때 그 목표를 어느 정도 달성할 수 있을까?
효율성	투입되는 비용에 비하여 산출되는 수입은 얼마나 될까?
생산성	효율성과 효과성을 합쳤을 때 나타내는 뜻이다. 주로 양적 경제성을 나타낸다.
적시성	필요한 시기에 필요한 자원을 수급해 줄 수 있을까?
가성비	제품이나 서비스의 가격에 비해 성능이나 품질이 얼마나 좋은가?
가심비	제품이나 서비스의 가격에 비해 만족도가 얼마나 되는가?

해결하는 데는 경제적 정의 요소들이 가장 큰 힘을 미치기 때문이다. 이러한 요소들은 대체로 투입 대비 산출 개념과 관련되어 있다. 즉 효과성, 효율성, 생산성, 적시성, 가성비, 가심비 등이다.

그렇다면 경제적 정의 요소들이 갖는 특징은 무엇일까?

① 경제적 정의 규범들은 자유시장경제의 원리가 작동하는 시대와 국가에서는 이미 성숙된 가치들이다. 후진국이나 개발도상국에서 경제정책을 수행할 때 매우 유용한 가치로 인정을 받는다.(비용편익분석, 수익성분석 등)

② 대체로 공공정책이나 기업 경영에서 투자의 우선순위 등을 따져볼 때 매우 유용한 판단 기준이 된다.

③ 그렇지만 경제적 정의 기준에 너무 매몰되면 생산성, 효율성 등은 있겠지만 노사갈등, 빈부격차, 인권문제 등 사회적

문제를 유발하기 쉽다. 특히 중진국으로 발전하면서 성장보다는 분배의 목소리가 힘을 받기 시작하기 때문이다.

④ 시대나 분야에 따라 국민들의 정치적 이념으로 진화하면서 과도한 경제적 정의 기준은 사회적 혼란을 초래할 수 있다. 생산요소는 자본, 기술, 노동, 경영이다. 사용자는 자본, 기술, 경영으로, 노동자는 노동으로 생산활동에 참여한다. 그런데 사용자는 생산 수익을 더 많이 차지하려고 한다. 이에 노동자는 자신의 몫이 적다고 비판을 한다.

⑤ 이것이 정의 요소들 간의 충돌(collision of justice)이다. 이 두 가지 가치가 충돌하는 경우 자칫 모두 손해를 볼 수 있다. 따라서 정의 가치들 간의 조화를 이룰 수 있는 타협과 조정이 필요하다.

둘째, 사회적 정의 요소(도표 58)이다.

과도하게 경제적 정의 가치들에 집착하면 그로 인하여 사회적 정의 가치들이 희생될 수 있다. 빈부격차, 인권침해, 환경파괴, 부정부패 등이 그것이다.

이러한 부작용을 수정하고 보완하기 위해 나타난 것이 사회적 정의 요소들이다. 예를 들면 민주성, 공정성, 투명성, 신뢰성, 책임성, 형평성, 인권보호 등이 있다.

이러한 사회적 정의 요소의 특징은 어떠할까?

사회적 정의 요소(도표 58)

규범	내용(예시)
민주성	의사소통, 하의상달, 권리와 의무의 일치원칙, 권한과 책임의 일치원칙
공정성	교육, 복지, 병역, 조세, 선거 등에서 공정한 권리와 의무
투명성	인사, 회계, 계약 관련 부정비리 차단, 권한과 책임 등 정보 공개
신뢰성	정책이나 제품 또는 서비스 제공과 그 품질에 대한 만족도
책임성	정책 실패나 제품 하자 등이 발생했을 경우 그에 상응하는 민형사상 책임과 도덕적 책임도 부담
형평성	지역, 계층, 신분, 자격, 절차 등에서 차별을 두지 아니하고 공정한 기회를 부여하는 것, 동일한 기회를 마련해 주는 것
인권보호	국민과 조직구성원으로서 기본적인 자유와 권리를 보장하는 것

① 후진국과 개발도상국의 경제정책 방향은 대체로 분배보다는 성장이 우선한다. 즉 생산성, 능률성 등 경제적 정의 요소가 우선가치로 존중된다. 따라서 경제 주체 간에 빈부격차, 인권문제, 계급차별, 근로자 안전 등 구조적 문제가 생겨나기 쉽다.

② 사회적 정의 요소들은 중진국가나 중산층이 확장되어 가면서 경제적 정의 요소로 인한 부작용을 치유하려 할 때 그 수단으로 각광을 받는다. 특히 빈부격차 해소, 특혜 철폐, 인권 존중 등을 위한 형평성, 공정성, 투명성, 신뢰성, 책임성 등이 강조된다.

③ 차등조정의 원리가 법률이나 정책으로 제도화된다.

예를 들면 누진과세정책, 보조금지원정책, 기초생활수급제도, 소득세공제제도, 근로기준제도, 국민연금, 고용보험, 건강보험, 산재보험제도 등이 나타나기 시작한다.

④ 그렇지만 사회적 정의 규범에 지나치게 매몰되어서는 또 다른 역기능이 나타난다. 사용자의 신규 투자나 생산 의욕이 침체되고 실업자도 증가되어 결국은 성장동력이 떨어져 간다. 더욱이 노동자들의 파업이나 태업 또는 관련 시민단체들의 연대 투쟁으로 번지는 경우 자칫 기업 경영에 위기가 올 수 있다.

⑤ 사회복지정책을 지나치게 강화하면 성장이 둔화되고 포퓰리즘적 분배정책으로 혈세를 낭비하게 되고 자칫 반시장정책으로 흐르기 쉽다. 이것이 남미형 포퓰리즘이다. 즉 자본가나 경영자는 신규 투자를 기피한다. 심지어 임대사업이나 부동산 투자 등에 관심을 갖는다.

셋째, 정의 규범에 대한 정치적 정의 요소(도표 59)들이다.

효율성 등 경제적 정의 요소들과 형평성 등 사회적 정의 규범들은 각각 지향하는 가치가 다르다. 따라서 정의 요소들 간 충돌하기 쉽기 때문에 조정과 타협이 요구된다. 이러한 과제들은 정치적 정의 규범으로 접근을 해야 한다.

정치적 정의 요소(도표 59)

구분	내용(예시)
사회적 공감대	이해집단 간의 조정을 위한 사회적 공감대가 이루어져야 한다. 각계각층의 인사들이 참여하는 세미나, 토론회, 설명회, 여론조사 등이 필요하다.
화합과 소통능력	의사결정 과정에서 관련 정보들을 상호간 공유하며 그에 대하여 의견을 청취하고 대안을 중재하는 일이다. 상호간 역지사지 입장에서 경청을 해 봐야 한다.
협상과 조정능력	이해관계자 간의 이견을 중재하고 조정하며 합의를 이끌어 내야 한다. 이것이 정치적 리더십의 핵심이다.
가치판단능력	정치적 판단 기준은 매우 다양하고 동태적이다. 집단 간 또는 지역 간 분쟁에서 우선순위에 대한 가치판단을 해야 하는 경우가 많다. 진위, 선악, 미추, 선후에 대한 올바른 선택이 중요하다. 판단 과정에는 공정성, 투명성, 민주성이 요구된다.
통찰력과 결단력	문제와 대상에 예리한 통찰력이 필요하다. 그리고 결단력은 진위나 선악 또는 선후를 판단하여 적시에 결단을 내려야 한다.
헌법과 법률적 가치	공공정책과 기업 경영에서 법률적 가치와 정책이나 경영이 추구하는 가치를 어떻게 잘 조화를 시키느냐이다.

정치적 정의 규범에는 사회적 공감대, 화합과 소통능력, 협상과 조정능력, 가치판단능력, 통찰력과 결단력, 헌법과 법률적 가치 등이 있다.

이러한 정치적 정의 요소에 대한 특징은 이러하다.

① 정치적 정의 가치에 대한 리더십은 기본적으로 서로 다른 주의·주장들을 조화롭게 조정해 내는 능력이다. 따라서 협상

에 의한 조정(안)은 최선보다는 차선이 될 수도 있다.

② 정치적 리더십으로 의사결정을 할 때는 당사자 간의 의견뿐만 아니라 미래가치에 대한 예리한 통찰력이 있어야 한다. 그러나 협상 대안들 간에 장단점이 있겠지만 어느 대안을 선택하든 희생의 총량은 최소화되도록 해야 한다.

③ 정치적 의사 결정을 할 때 민주성, 투명성, 공정성 등을 확보해야 상호간 공감능력을 향상시킬 수 있다. 예를 들면 여론조사, 공론조사, 공청회, 전문가 조사, 조정과 합의 등 사회적 공론 형성이 검토되어야 한다.

④ 정치적 협상과 조정 과정에는 효율성과 형평성 등의 가치판단은 물론 선악, 진위, 미추, 선후 등에 대한 판단이 있어야 한다. 여기서는 경험과 전문성을 가진 사람의 조언이 필요하다.

⑤ 공공기관의 정책결정이나 민형사상의 재판이 있을 경우에는 상호간 갈등이 생기는데 이 경우 헌법적 · 법률적 · 공익적 가치에 어느 방안이 더욱 합당한지를 고려해야 한다. 또한 법률적 위기상황에 처했을 때 그것을 돌파할 수 있는 유능한 변호사, 세무사, 공인회계사 등 전문가의 조력을 받아야 한다.

⑥ 결단력의 성공사례로 대표적인 것이 한국전쟁 때 유엔군 최고사령관을 지낸 맥아더 장군이 지휘한 인천상륙작전이다. 왜냐하면 당시 군사작전에는 인천항의 밀물과 썰물 사이의

간만의 차가 커서 대부분 무모한 결정이라고 반대했기 때문이다. 그러나 맥아더 장군은 예리한 통찰력과 과단성 있는 결단력으로 상륙작전을 강행하여 성공했다.[49]

넷째, 종교·문화적 기준이다.

종교·문화적 정의 기준은 대체로 문화권별·지역별·국가별로 크게 차이가 난다. 특히 현대 산업사회는 경제적 손익이나 사회적 차별을 따지는 세속적 주장이 강하다. 그러나 이러한 경제적 기준은 종교적·사회적·문화적 정의 기준과는 서로 상충되는 경우가 많다.

① 종교적 정의 기준은 기본적으로 종교별 율법을 존중하기 때문에 그것에 따르는 것이 정의라고 본다. 기독교는 하느님을, 이슬람교는 알라신을 유일신으로 숭배한다. 따라서 타종교의 가치 간과 충돌하기 쉽다. 같은 종교 간에도 경전의 근본원리를 주장하는 세력와 그 경전을 탄력적으로 해석하는 계파 간의 갈등으로 종교분쟁이 일어나기도 한다.

② 문화적 정의는 시대별·국가별·지역별 또는 영역별로 다른 경우가 많다. 로마에 가면 로마법을 따르라는 말이 있다. 또한 국가나 지역마다 풍습, 관습, 도덕, 사상, 문화 등의

---

49) 맥아더 장군 : 지식백과, 두산백과, naver 검색

가치가 다르다. 따라서 문화의 충돌 현상이 일어나기도 한
다. 이러한 문화적 차이는 지연, 학연 등 연고주의가 강한
한국에서는 어느 정도 이해가 되지만 합리주의, 능력주의를
우선하는 서구 유럽에서는 용인되지 아니한다.

③ 한국에서는 일부 사람들이 개고기를 먹지만 서구 유럽인들
은 그런 식문화를 야만적이라고 여긴다. 다신교 국가 인도
는 소를 숭배해 먹지 않지만 여타의 나라에서는 소고기를
먹는다.

04

정의와 다른 규범의 긴장관계는?

　자연생태계에서는 기본적으로 생존을 위한 경쟁이 치열하다. 여기에는 세 개의 원리가 작동하고 있다. ① 약육강식의 원리 ② 적자생존의 원리 ③ 환경진화의 원리가 그것이다.

　하지만 인간생태계의 작용 원리는 동식물의 세계와는 다소 다르다. 인간은 사회적 동물이기 때문이다. 따라서 동식물의 세계와는 다른 점이 있다.

　인간 사회는 공존과 평화를 유지하기 위해 일정한 사회 규범을 만들고 그것을 지키려 하고 있다. 그래야만 인간 사회가 평화롭고 건강하게 공존할 수 있기 때문이다. 이러한 규범에는 힘(권력), 헌법, 법률, 덕목, 가치, 도덕, 윤리, 상식, 기술 등이 있다.

　그러나 인간 사회는 분야별 · 직능별 · 종교별 · 국가별로 서로 다른 규범이 있다. 다시 말해 ① 권력(힘) 시스템에서 말하는 정의

② 법률적 제도에서의 정의 ③ 종교적 규율에서의 정의 ④ 도덕적 인륜에서 말하는 정의는 서로 다르고 심지어 상충되기도 한다.

여기서는 이러한 정의 규범 간의 긴장관계(도표 60)를 몇 가지로 나누어 설명하고자 한다.

첫째, 인류 사회가 공감하는 규범적 정의와 권력(힘)과의 관계를 이해하려면 먼저 그리스의 조각상 정의의 여신 디케(DIKE)의 본질적 의미에 대하여 알아봐야 한다.[50]

정의의 여신상은 눈앞을 가리고 한손에는 칼을 잡고 있고 다른 한손에는 천칭(저울)을 들고 있다. 여기서 천칭은 공정하고 평등한 정의의 뜻을 담고 있으며, 칼은 권력의 힘을 상징한다. 또한 여신이 눈을 가리고 있는 것은 함부로 권력(힘)을 남용하지 말라는 뜻이다.

인간 사회에서 정의 규범이 제 기능을 다하려면 불가피하게 권력의 힘이 뒷받침되어야 한다. 따라서 권력의 힘이 오용되거나 남용되면 정의 규범이 무너질 수가 있다.

파스칼은 저서《팡세》에서 이렇게 말했다.[51]

"힘 없는 정의는 무력(無力)하고 정의 없는 힘은 폭력(暴力)이다.

---

50) 그리스 정의의 여신 디케 : 지식백과, basic 고교생을 위한 사회용어사전, naver 검색
51) 파스칼 : 지식백과, 세계문학의 고전, naver 검색

정의와 힘, 법, 도덕, 종교와의 관계(도표 60)

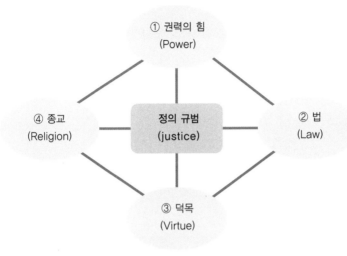

따라서 정의와 힘은 동반되어야 한다. 이를 위해서 정의는 힘을 가져야 하고 힘은 정의로워져야 한다."

그렇다면 오늘날 정의와 힘은 어떻게 마주하고 있을까?

결론부터 말하면 인류 사회가 공감하는 정의와 권력(힘)은 상호 간 보완작용도 하지만 때로는 긴장관계가 되기도 한다.

권력의 힘으로 정의를 무너뜨리거나 불의를 정의로 포장하여 이득을 취하는 경우가 비일비재하다. 이것처럼 정의 규범이 권력(힘)에 의해 허물어지면 도리어 선(善)의 공간은 좁아지고 악(惡)의 세력이 설치게 된다.

힘의 종류는 법률적인 힘(정부), 도적적인 힘(규범), 무력적인 힘(폭력), 종교적인 힘(종교) 등이 있다. 반정의의 대표적인 것이 무력적인 힘(폭력)이다. 오늘날 세상은 정의의 이름으로 위장을 하여 테러나 강도, 협박 등 무력행사가 끊이지 아니한다.

둘째, 규범적 정의와 법과의 관계이다.

로마시대에 정의의 여신은 원래 유스티치아(Justitia)로 불리고 있었는데, 오늘날 정의를 뜻하는 Justice(공정, 공평)도 여기서 유래되었다고 한다.[52]

여신의 한쪽에는 저울이 있고 다른 한쪽에는 칼이 있다. 저울은 법이 만인에게 평등하게 적용되어야 하고, 칼은 법과 질서를 어긴 자에게 엄중하게 집행하겠다는 뜻이다. 또한 두 눈을 가리고 있는 것은 선과 악의 시비를 판단할 때 한쪽으로 치우치지 않아야 한다는 공정함을 나타내고 있다.

그렇다면 현대 산업사회에서는 왜 현실의 법과 인간 사회가 공감하는 정의 사이에 괴리가 생겨날까?

① 불완전한 입법이나 하자 있는 법의 집행이다.

법령의 내용이 불완전하다면 바로 고쳐야 한다. 그러나 정치

---

[52] 로마 정의의 여신 유스티치아(justitia) : 사상과 잡학 소나무 샘(2019년 5월 12일) naver 검색

적인 이유로 적시에 대체 입법을 만들지 못하거나 기득권자들이 조직적으로 방해하여 고쳐지지 못하는 경우가 많다.

② 또 하나는 잘못된 법령 운영이다.

법률을 제정하고 해당 분야에 적용할 때는 해석을 하여 집행하게 되는데, 그 과정에서 고의적이거나 착오를 일으키게 되는 경우가 있다.

③ 또한 위헌적인 법률이 존재해 헌법재판소에서 위헌결정(헌법불합치)이 나도 새로운 법률로 적기에 대체 입법을 마련하지 못하여 잘못된 법이 그대로 존재하기 때문이다.

법의 정의와 관련된 담론은 몇 가지가 더 있다. 따라서 현실의 법령이 불완전하기 때문에 규범적인 정의와 충돌하는 경우가 많다.

① 법과 정의는 강자의 편인가 약자의 편인가?

현실에서 법은 약자보다는 강자의 편이 되고 있다고 본다. 무전유죄, 유전무죄 등 비판이 많다. 따라서 법의 개정이나 제정은 물론 정의로운 운영체계가 확립되어야 한다.

② 법은 정의를 기대하지만 현실적으로는 불완전하다. 왜냐하면 법을 만들면 누구에게는 이득이 되고 보상을 받지만 또 다른 누구에게는 손해를 입히거나 처벌을 받게 될 수 있다.

③ 비록 현행법이 정의롭지 못하더라도 정의를 추구하는 방향

으로 운용돼야 하는데 그러하지 못하다. '악법도 법이다'라는 의식이 있다. 따라서 적극적인 국민 수권 행사가 필요하다.

④ 정의 규범들이 상호 충돌하는 경우가 많다. 공공이익을 위해서 개인의 이익이 침해된다면 그에 상응한 정당한 보상이 이루어져야 한다. 예를 들면 공공기관들이 도로, 공원, 철도 등을 만들 때 토지나 건물로 수용하는 경우의 보상이다.

⑤ 정의의 분량과 품질에서 과연 누구의 주장이 더 옳으냐를 따져 봐야 한다. 사인 간의 문제라면 서로 합의나 재판에 의한 조정이 필요하다. 그러나 공적인 문제라면 과연 사회에 무엇이 더 이익이 되느냐에 대하여 판단하기란 매우 어렵다. 가치판단적인 요소들이 무엇이냐에 따라 정의냐 아니냐의 논쟁으로 비화되기가 쉽다.

셋째, 규범적 정의와 도덕 윤리와의 관계이다.

여기서 덕목이란 사회구성원들은 누구나 이상사회를 만들어 가자는 데 공감할 것이다. 이를 위해 도덕적 · 윤리적으로 필히 지켜가야 할 규범들이다.

덕목의 종류는 시대와 지역에 따라 다르다. 소크라테스는 덕을 지(知)와 행(行)의 합(合)으로 보았고, 플라톤은 이상국가를 구현하는 3대 중심 덕목을 제시했다.

① 통치자 계급은 애국심과 철학적 자질

② 군인 계급은 용기

③ 생산자 계급은 절제 등이다.

동양문화권의 덕목은 더욱더 발전해 왔는데, 우리 삼국시대 때 통일의 원동력이 된 화랑의 덕목에 세속오계(世俗五戒), 즉 사군이충(事君以忠), 사친이효(事親以孝), 교우이신(交友以信), 임전무퇴(臨戰無退), 살생유택(殺生有擇)이 있다. 신라 진평왕 때 승려 원광이 화랑에게 일러준 덕목이다.

여기서는 유교의 윤리 덕목인 '인의예지신'에 대해 알아보고자 한다. 윤리 덕목에는 인간으로서 마땅히 갖추어야 할 다섯 가지 가치가 있으며, 이는 정의의 가치가 품고 있는 뜻과 일맥상통한다.

조선왕조의 건국 공신 이성계와 정도전은 경복궁과 도성의 입지를 선정한 다음 경복궁을 설계하고 축조하였다.[53]

고려말 태조 이성계와 그 세력들은 개국 과정에서 몹시 혼란해진 조정과 민심 수습이 필요했다. 조선의 정치이념으로 유교의 기본 덕목인 '인의예지신'을 택했다. 그리고 도성과 경복궁의 작명을 유교 사상에서 빌려 왔다.

---

[53] 한양도성의 인의예지신 : 지식백과 조성의 도읍지 한양, naver 검색

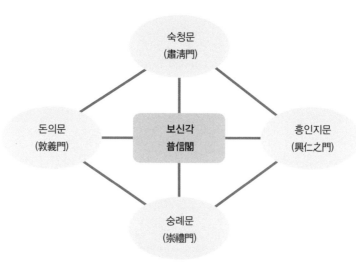

서울의 도성문과 보신각(도표 61)

숙청문
(肅淸門)

돈의문
(敦義門)

보신각
普信閣

흥인지문
(興仁之門)

숭례문
(崇禮門)

 조선왕조의 통치이념을 '인의예지신'으로 삼았고, 이것을 도성
의 4대 문과 보신각(도표 61)의 이름에 이를 반영하였다.

 흥인지문(興仁之門), 돈의문(敦義門), 숭례문(崇禮門), 숙정문(肅靖門)
그리고 보신각(普信閣)이 그것이다. 여기서 주목할 것은 상호간의
가치가 충돌할 수 있다는 점이다.

 백성들에게 의(義)의 규범을 지나치게 강요하다 보면 예(禮)의
도리가 상처를 받기 쉽다. 반대로 예(禮)의 규범을 지나치게 내세
우다 보면 의(義)의 덕목이 깨지기 쉽다.

 또한 지(智)의 가치와 예(禮)의 가치도 상충되기 쉽다.

그런데 규범들 간의 충돌을 보신각의 신(信)에서 조정 역할을 하고 있다는 점이다. 다시 말하면 신뢰의 덕목이 각 규범들 간의 충돌을 예방하고 있는 것이다.

이런 이유로 한양 중심에 보신각이 세워졌다. 이것이 조선왕조가 무려 475년 간 통치해 오는데 이러한 가치가 이입되었다.

넷째, 규범적 정의와 종교와의 관계이다.

정의의 규범은 시대적 상황, 지역적 입장, 개인적 관계에 따라서 다르지만 그와는 별도로 종교와 정의 사이에도 긴장관계가 있다. 정의와 종교의 가치가 일치하지 않는 경우가 많기 때문이다.

① 기독교는 유일신으로 타 종교의 가치에 대하여는 후한 평가를 주지 않는다. 하느님 외 다른 신들을 모두 우상으로 여기기 때문이다. 오늘날 전쟁이나 테러의 상당수는 종교적인 갈등이 차지하고 있다.

또한 알라신을 추종하는 이슬람교 역시 유일신을 섬기기 때문에 기독교, 불교 등과 갈등을 일으키고 있다. 이슬람교도들은 알라신의 명령이 아니면 어떠한 일도 일어나지 않는다며 신의 절대성을 인정한다. 이슬람 경전 코란에는 알라신의 실제성에 접근하기 어려운 신비, 알라신에 대한 복종 등을 강조한다.

② 불교의 핵심사상은 석가모니의 경전에서 찾을 수 있으며

그것은 연기법이다. 고통의 원인은 집착 또는 갈애(渴愛)이며 모든 번뇌를 멸해야 깨달음을 얻을 수 있다. 따라서 불교는 일종의 자각사상에 기반을 두고 있다. 이 깨달음을 위해 석가모니 부처, 미륵 부처, 아미타 부처 등을 숭배한다.

③ 유교의 중심 가치는 인의예지신이다. 즉 '어질고 의롭고 예의바르고, 지혜롭고, 믿음이 있어야' 한다는 뜻이다. 이상적인 덕목들이다. 몸과 마음을 빠르게 수양해야 천하를 평화롭게 다스릴 수 있다.

모름지기 종교의 목적은 궁극적으로 인간의 구제일 것이다. 인류의 평화, 구원과 구제, 생명의 존중 그리고 사후에는 대다수의 종교가 주장하는 천국으로 가서 영생불멸을 하는 것이다.

그러나 현실에서 부딪히는 종교의 모습은 우려스럽다. 종교가 인간을 걱정하기보다는 인간이 종교를 걱정하고 있다. 이러한 원인은 종교가 추구하는 목적은 궁극적으로 같겠지만 그것을 실현하려는 수단들이 충돌하기 때문인 것 같다.

또한 종교 계율의 가르침이 서로 충돌하여 상대 종교를 적대시하기 때문이다. 여하튼 인류의 구원을 위해서는 종교적인 전쟁이나 테러는 자제되어야 한다. 종교지도자들의 대화와 타협, 양보가 필요한 시대이다.

VI. 지도자론

01

최고관리자의 자질 요건은?

CEO, 최고관리자는 조직 체제상 정점에 있는 수장이다.

최고관리자의 중심 역할은 조직의 목표를 달성하거나 현안 문제를 해결하는 데 있다. 따라서 최고관리자는 그 중심 역할을 능히 감당할 수 있는 자질을 갖추어야 한다.

최고관리자의 권한은 막강하지만 그 결과에 대한 책임도 그에 상응하게 져야 한다. 이것이 권한과 책임의 공유 원칙이다.

그렇다면 최고관리자의 지위는 어느 자리일까? 공공부문에서는 대통령, 장·차관, 국회의원, 지방자치단체장과 부단체장, 공기업 기관장 등이고, 민간부문에서는 일반적으로 회장, 사장, 감사, 이사 등 임원들이 포함된다.

이러한 모든 직책들의 역할은 아무나 수행할 수 있는 것이 아니다. 일정한 자질이 요구되기 때문이다.

그렇다면 최고관리자에게 요구되는 자질은 무엇일까?

대체로 도덕성에 관한 자질과 업무 수행에 관한 자질로 나눠 생각해 볼 수 있다. 우선 도덕성에 관한 자질부터 알아보겠다.

먼저 최고관리자의 도덕성에 요구되는 자질이다. 여기에는 투명성, 신뢰성, 공정성, 책임성이 따른다. 다음은 최고관리자의 업무 수행에 관한 자질로써(도표 62, 63) 소통성, 결단력, 미래성, 합법성 등이 포함된다.

첫째, 투명성(Transparency)이다.

이것은 불순한 동기를 가지고 어떤 생각이나 사실을 감추거나 또 그것을 왜곡해서는 안 된다는 것이다. 공공기관의 정보공개제도도 이런 필요성에 부합하는 것이다. 투명성의 가치는 조직 운영에 기초적인 요소이다. 지도자의 투명성이 의심을 받게 되면 리더십 행사에 큰 타격을 받게 된다.

그러나 투명성이 중요하다고 하여 제한없이 무한정한 것은 아니다. 업무상 비밀유지가 필요하거나 다른 사람의 명예를 지켜야 할 내용까지 공개해서는 아니 된다.

그러나 투명성의 범주는 매우 넓다. 여기에는 윤리성, 청렴성, 도덕성은 물론 진실성, 진정성, 합법성 등을 말한다. 따라서 부도덕하거나 불법성 또는 허위성으로 의심을 받게 되면 아니 된다.

그렇다면 과연 투명성을 상실케 하는 원인은 무엇일까?

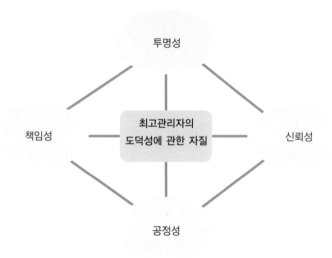

최고관리자의 도덕성에 관한 4대 자질(도표 62)

여기에는 뇌물, 탈세, 횡령, 유용, 투기, 특혜, 유착, 리베이트, 조작, 위조, 은폐, 사생활 문란, 청탁, 압력 등이 포함된다.

오늘날 투명성의 가치는 매우 높다.

① 고위 공직자를 임명할 때 재산등록을 실시하고, 장관급을 임명할 때는 입법부가 청문회를 열어 검증하는 나라도 있다.

② 세계 각국은 투명성을 높이기 위해 정부가 공직자의 부패지수나 투명성지수 등을 조사·발표하고 있다. 특히 공직자의 부패방지법, 청탁금지법 등을 제정·시행하여 감시하기도 한다.

최고관리자의 도덕성에 관한 자질(도표 63)

구분	범위(예시)	붕괴원인(예시)
투명성	투명성, 윤리성, 도덕성, 진실성, 합법성	뇌물, 탈세, 횡령, 투기, 특혜, 유착, 위조, 은폐, 청탁, 압력 등
신뢰성	신뢰도, 언행일치, 진실, 믿음, 계약이행 등	공약파괴, 계약불이행, 사기범행, 신용불량, 위계에 의한 업무방해, 상품 과장광고 및 성분 함량 미달 등
공정성	공평성, 균등성, 형평성, 균형성	전관예우, 친인척, 인사와 납품 특혜, 지역차별, 밀어내기 출하 등
책임성	권한과 책임일치, 권리와 의무일치, 손해배상, 손실보상	면죄부 처분, 회전문 인사, 면피용 징계 인사, 계약 불이행

③ 국제기구에서 투명성에 관한 국제적 헌장이나 준칙을 만들고 그것을 준수하도록 권고하고 있다.

④ 공공부문에서는 투명한 업무 수행을 위해 일정한 절차나 자격에 관한 재산등록신고 등 각종 제도를 도입하고 있다.

몇 가지 예를 들어보자. 법적으로 일정한 규모 이상 기업 등의 회계보고나 결산서 작성은 공인회계사가 하도록 의무화하고, 토목, 건축기술자 등에 의해 구조물에 대한 설계와 시공 및 감리를 의무화하고 있다. 또한 일정 금액 이상의 발주 사업에 대하여는 공개경쟁입찰 방식에 의거 낙찰자를 선정하도록 하고 있다.

둘째, 신뢰성(Reliability)이다.

신뢰성이라 하면 조직의 의사결정이나 업무 추진 과정, 그리고 그 성과나 결산 등에 관한 모든 정보에 대하여 이해관계인에게 사실대로 공개하고 그 정보를 믿도록 하는 것을 말한다.

신뢰성의 가치에는 신용도, 언행일치, 진실, 믿음, 계약, 약속 이행 등이 포함된다.

제품이나 서비스에 대한 믿음이 깨어지면 고객들이 이탈하고 약속이나 언행에 대한 믿음이 훼손되면 신용이 떨어진다.

국회의원의 공약 준수 문제는 유권자들이 선거를 통하여 심판을 하게 된다.

신뢰성을 평가하는 제도는 다양하다.

① 국가나 기업 또는 개인에 대한 신용평가제도

② 대통령, 국회의원, 지방자치단체장의 선거공약 평가제도

③ 국가나 공공기관 등의 인구통계, 경제성장률, 물가상승률 등의 신뢰도 평가제도

④ 의약품, 식료품 등 각종 상품 정보에 대한 신뢰도 평가제도

⑤ 자동차, TV, 스마트폰 등에 대한 품질평가와 A/S 평가 등

⑥ 감정평가사의 토지와 건물 등에 대한 공시가격 평가제도

⑦ 토지수용이나 금융대출을 할 때 대상 물건에 대한 감정평가 제도

⑧ 자동차의 안전성에 대한 평가제도 등이다.

그러나 신뢰도 평가제도의 생명은 무엇보다 공정성, 정확성, 객관성 등에 있다. 따라서 신뢰도 평가에 대한 불신을 줄이기 위해서는 이해당사자가 추천하는 복수 이상의 일정 자격을 가진 공인기관 또는 단체에서 평가를 하는 것도 좋은 방법이다.

셋째, 공정성(Fairness)이다.

공정성이란 의사결정이나 계약심사 또는 인재선발 등 중요한 일을 할 때 그에 상응한 자격과 기회, 기준과 절차 등에 공정성을 기해야 한다는 뜻이다.

출신지역, 종교, 성별, 학연, 지연 등에 따라 차별을 해서는 아니 된다. 특히 특정 이해관계가 걸려 있는 분쟁에 대하여는 특정인이 좌지우지해서는 아니 된다. 객관적이고 전문적인 인사가 조정을 해야 한다. 몇 가지 예를 들어보자.

① 정책결정이나 의사결정이 특정인의 편향된 가치관이나 왜곡된 정보에 의해 결정될 수 있기 때문이다. 특히 스포츠 경기 심판에서는 공정성이 생명이다. 따라서 경기 심판관이 특정 연고팀에 유리한 판정을 해서는 절대 아니 된다.

② 또한 대기업 회장이 인사채용과 납품계약 과정에서 친인척 등 지인들에게 특혜를 주도록 개입해서는 아니 된다. 사실 하청업체에 납품단가 후려치기, 상품 밀어내기 판매 강요, 영업비용 전가하기, 장기어음 끊어주기, 리베이트 요구하기

등도 모두 불공정한 행위들이다.

③ 공사 조직을 막론하고 직무와 관련하여 편파적인 의사결정을 하면 사회적 저항까지 일어날 수 있다. 기업 제품에 대한 불매운동, 불공정 행위로 인한 과징금 처분, 불공정한 정책으로 인한 피해배상청구, 권한남용이나 직권남용에 대한 형사고발 등의 문제가 일어날 수 있다.

④ 갑과 을의 관계에서 불공정 행위가 발생한다. 갑은 대기업으로 독점기업이고 을은 중소기업으로 영세업자이다. 갑은 자본이나 생산, 유통, 납품이나 가격 결정, 고용이나 처지 등에서 을에게 갑질을 한다. 이러한 불공정 거래는 시장경제의 부작용을 가속시키고 노동자나 중소기업 등 약자들에게 큰 불편을 야기한다.

넷째, 책임성(Responsibility)이다.

책임성이란 최고관리자가 업무 수행을 위해 권한을 행사하지만 그 과정이나 결과가 잘못되면 그에 합당한 책임을 져야 한다는 것이다. 이것은 권한과 책임의 공유원칙, 권리와 의무의 일치원칙이 작용돼야 하기 때문이다.

이러한 책임성의 유형은 다양하다.

① 국회의원, 지방자치단체장 등 정치인들에게 책임을 묻는 방법은 유권자들이 투표로 심판한다. 또 불법 부당한 행위

를 했으면 상응하는 법률적 책임을 져야 한다.

② 도의적 책임이라 함은 영업 실적 부진, 스포츠 대회 성적 부진 등과 같은 경우 그에 대한 직접 또는 감독 책임을 지기 위해 사퇴나 사과를 하는 경우이다.

③ 양심적 책임은 본인의 불법부당한 행위에 대하여 자신의 양심에 비추어 책임을 지기 위해 사퇴, 사죄 또는 근신을 하는 경우이다.

④ 특정 사건이나 사고 또는 불법부당한 행위에 대한 관련자들의 의혹을 받는 경우 일단 관계자의 보직을 해임하고 사후 형사고발이나 민사책임을 지는 경우이다.

⑤ 불량제품을 팔아 소비자에게 피해를 입힌 경우에는 그에 상응한 책임을 져야 한다. 예를 들면 보상·수리, 리콜 또는 교환, A/S를 해 주는 경우이다. 바로 경제적 책임이다.

⑥ 당사자 간 부동산 매매계약을 체결했을 때 그것을 이행하지 못하게 되면 그에 합당한 추궁이나 제재를 당하게 된다. 민사상 법적인 책임이다. 그렇지만 이러한 책임성이 성숙되지 못한 최고관리자들은 오히려 명예나 자리를 지키려고 변명이나 책임을 떠넘기기도 한다.

다음에는 최고관리자의 업무 수행에 필요한 자질(도표 64, 65)이다. 최고관리자의 핵심 역할은 목표 달성과 현안 문제를 해결하는

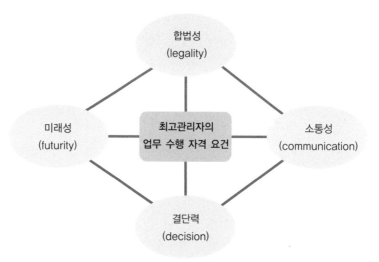

최고관리자의 업무 수행 자격 요건(도표 64)

합법성
(legality)

미래성
(futurity)

최고관리자의
업무 수행 자격 요건

소통성
(communication)

결단력
(decision)

일이다. 따라서 업무 수행을 성공적으로 해내기 위해서는 꼭 갖추어야 할 자질이 있다.

여기에는 소극적으로 배척해야 할 요소가 있는가 하면 적극적으로 꼭 갖추어야 할 요소가 있다.

우선 소극적으로 배척해야 할 요소는 조직 운영의 창의성을 누르는 요소들이다. 불통 이미지, 무사안일주의, 답습주의, 연고주의, 불공정성행위, 책임전가주의, 갈등조장, 불법부당행위 등이다.

그렇다면 최고관리자가 적극적으로 갖추어야 할 자질은 무엇일까? 여기에는 합법성, 소통성, 결단력, 미래성이 포함된다.

최고관리자의 업무 수행에 관한 자질(도표 65)

구분	범위(예시)	붕괴원인(예시)
합법성	헌법과 법률, 법률시행령 규칙, 조례 등의 준수	불법행위, 법령 미준수, 탈법, 편법, 일탈 등
소통성	상하 간 소통, 부서 간 소통, 현장과 소통, 외부와 소통, 전문가와 소통 등	권위주의 만연, 계급적 관료화, 일방적 상의하달, 소비자 보호 시스템 취약, 불친절 행위 등
결단력	시기적 적시성, 절차적·내용적 타당성, 실현 가능성 등	우유부단, 무사안일, 기회상실, 위기관리 실패, 편파주의, 연고주의, 책임회피 등
미래성	목표와 방향, 신규 아이템, 미래의 자원관리, 인재 발굴과 교육, 위기관리능력 배양	조직의 관료화, 자질과 능력 부족, 혁신과 창의성 부족, 현실안주, 미래정보 부족

첫째, 합법성(legality)이다.

공사부문 할 것 없이 최고관리자들은 합법성의 원칙을 항상 유념해야 한다. 공공부문에서 합법성이란 공공정책의 내용이나 그 절차를 이행하는 데 있어 관련 법령들을 위반해서는 아니 된다는 뜻이다.

최고책임자들은 업무 수행 과정에서 불법적 행위를 하면 관련 당국이나 이해관계인에게 불필요한 시비 소지를 만들 수 있기 때문이다. 사실 공공부문의 최고책임자는 직권남용이나 인권침해, 부정부패 등의 논란에 휘말리는 경우가 많다.

기업의 경영활동에서도 법령 준수는 필수적이다. 법적인 내용과 절차에서 불법행위가 이루어지게 되면 민형사상 책임까지 질 수 있다. 특히 대기업이나 임직원들의 탈세, 뇌물, 배임, 유용 등 비리가 종종 제기되고 있다. 이러한 경우 대기업은 정치적 탄압의 빌미가 될 수도 있다.

또한 민간기업의 오너가 불법행위에 직간접으로 개입하는 경우에는 개인의 처벌은 물론 법인의 주가 폭락, 매출 하락, 신용도 추락 등 오너 리스크(owner risk)가 발생하기도 한다.

따라서 최고지도자의 합법성은 리더십의 마지막 보루이다.

그러나 오늘날 합법성의 원칙은 다른 가치들과 충돌을 하기도 한다. 더욱이 현행 법령이 권위주의 시대에 만들어졌거나 또는 초고속 사회의 기술 혁신의 추세에 따라가지 못하여 오히려 국가 발전이나 기업 경영에 큰 걸림돌이 되는 경우가 많다. 그래서 환경 변화에 맞추어 법령은 수시로 제정되고 개정을 해야 한다.

둘째, 소통성(communication)이다.

소통성은 민주적 리더십의 핵심 요소이다.

조직의 소통은 인체의 혈관에 비유된다. 인체의 혈관에 질병이 생기면 피가 잘 돌지 않아 건강에 이상이 올 수 있다. 공사 조직을 막론하고 의사소통이 원활하지 못하면 조직의 효율성이 떨어지게 된다.

① 대내적 소통으로는 상하조직 간 소통, 구성원 간 소통, 부서

간 소통, 본부와 일선 간 소통 등이 긴요하다. 대외적 소통으로는 거래업체와의 소통, 정부기관과의 소통, 국민 또는 소비자와의 소통, 전문가와의 소통 등이 중요하다.

② 정부 부처 간 소통이 부실한 경우에는 정책 차질, 예산 낭비에 이르게 되고 민원 발생을 일으켜 국민들에게 피해를 줄 수 있다.

③ 입법 행위가 늦어지는 경우 안전사고 등을 일으키게 된다. 즉 정부 예산 집행이 적기에 이루어지지 않아 차질이 빚어져 기다리던 기업이나 이해관계인들이 피해를 입는다.

④ 기업 경영의 경우에도 의사소통이 원활하지 못하면 조직의 갈등을 초래하고 신기술 개발이나 신상품 기획 등에서 뒤처지게 된다.

그러나 의사소통은 서로 의견을 주고받는 것으로 끝나는 것이 아니라 그대로 행동으로 이어가야 한다.

셋째, 결단력(decision)이다.

최고관리자의 결단력은 위기상황을 돌파하는 데 필수적 요소이다. 최고관리자는 직책상 피할 수 없는 고난과 위기를 감당할 수 있어야 한다. 이 위기 상황의 원인은 네 가지가 있다.

① 위기 상황이 다가오는데도 전혀 알지 못하는 것(무사안일)

② 위기 상황이 오는 것을 알았으나 우물쭈물하는 것(방치방임)

③ 위기 상황이 왔으나 그 대안을 마련하지 못하는 것(대안부재)

④ 위기 상황에 대한 대안을 마련해도 그것을 제대로 시행하지 못하는 것(추진력 부재)

결단력은 의사결정 과정에서 거부할 것은 거부하고 양보할 것은 양보하되 설득력과 적시성이 있어야 한다.

최고관리자가 결정적 결단을 할 때는 몇 가지를 고려해야 한다. 결단을 할 때 장단점, 결단의 시기, 결단의 절차, 실행 가능성 그리고 사후 예상되는 문제에 이르기까지 보완 대책을 준비해야 한다. 특히 결단력 행사 시기가 지연되면 마치 기차가 떠난 뒤에 손을 흔드는 격과 같다. 바로 적시성의 효과를 모두 잃어버리게 된다.

넷째, 미래성(futurity)이 요구된다.

이것은 조직의 미래 비전을 계획하고 실행해 가는 능력이다.

미래 비전은 기간에 따라 단기(1~2년), 중기(3~7년), 장기(5년 이상 10년 내외) 계획으로 나눌 수 있다.

통상의 최고관리자들은 과거의 문제 해결이나 현재의 주어진 목표를 이룩하고자 하는 데 우선적으로 중점을 둔다. 그러나 대체로 미래 통찰력에 대한 관심은 부족하다.

통찰력이란 불확실한 미래를 꿰뚫어 볼 수 있는 능력이다. 통찰력의 근원은 경험과 노하우, 합리성과 초합리성 정보와 전문성, 상상력 등으로부터 나온다.

그렇다면 미래 비전에서 고려해야 할 주요한 아이템은 무엇일까?

조직의 목표와 방향, 유망 아이템 발굴과 투자계획, 인재 발굴과 양성, 미래환경의 예측과 분석, 미래의 경쟁력 강화 방안, 미래의 자원관리 방법, 미래의 위기관리능력, 미래의 첨단기술 개발, 미래의 시장동향 분석, 미래의 재정관리 계획 등이다.

최고관리자가 미래 비전에 소홀히 하면 장기적으로 유망한 신규 아이템을 놓쳐 정책 대열에서 낙오될 수 있다. 공공부문의 지도자가 포퓰리즘에 빠져 비생산적 부문에 과잉 투자하는 경우 결국은 조직의 역량을 약화시키게 된다. 따라서 공공정책이나 기업경영의 최고지도자는 미래의 역량을 향상시키는 데 소홀해서는 아니 된다.

02

중간관리층의 역할과 자격은?

공사 조직을 막론하고 위계질서는 최고관리층, 중간관리층 그리고 하부관리층으로 이어진다.

여기서는 중간관리층의 핵심적 역할이 무엇인지를 알아보겠다.

중간관리층은 사람의 인체에 비유하면 허리 부분에 해당된다. 허리는 사람의 상체와 하체를 연결하는 역할을 한다. 따라서 사람의 허리 부분에 질병 등 문제가 생겨 제 역할을 못하게 되면 상체와 하체도 함께 힘들어진다. 이렇듯 중간관리층은 조직의 핵심으로 매우 중요한 역할을 맡고 있다.

그렇다면 중간관리층은 주로 어느 직책(도표 66)일까?

조직의 규모나 성격에 따라 다르지만 공공부문에서는 실·국장, 국·과장급, 민간부문에서는 본부장, 부장, 차장이 이에 해당한다.

중간관리층 보직(도표 66)

구분	최고관리층	중간관리층	하부관리층
공공부문 (중앙부처)	장 · 차관, 차관보	실 · 국장 국 · 과장	팀장 이하
민영부문 (일반기업)	회장, 사장, 임원	본부장, 부장, 차장	과장, 팀장 이하

먼저 이러한 중간관리층의 역할을 보면 최고관리층을 보좌하여 정책 및 의사 결정에도 실무적으로 참여하여 조언을 한다. 결정된 정책을 소화시켜서 하부조직에 정책을 전달하고 원활하게 집행되도록 독려를 한다. 그리고 하부관리층의 건의 등을 소화하여 풀어준다.

그리고 업무 내용은 관료적 병리현상 극복, 노동자의 권리와 의무관리, 조직구조의 효율적 관리, 비용증대 원인분석, 조직의 비리부정 개선, 인재 발굴과 교육, 구성원의 애로사항 수정 등이다.

중간관리층을 좀더 이해하기 위해서는 대내외적 관계망이 어떠한가를 알아야 한다.

국민 경제나 국가 성장이론을 설명할 때도 중산층의 역할은 매우 중요하게 여긴다. 경제적으로 중산층이 두텁고 튼튼할 때 사회적 혼란을 완충시킬 수 있다. 연령적으로 30~40대가 안정되고 튼튼해야 국가가 지속적으로 성장할 수 있다. 중산층이 무너지면 소비 수요가 줄어들고 내수 부진에 따른 경기침체로 이어질 수 있다.

이와 같은 관점에서 볼 때 중간관리층의 역할은 조직의 경쟁력을 높이느냐 떨어트리느냐를 좌우한다.

그렇다면 중간관리층이 대내외적 관계망(도표 67)에서 감당해야 할 일은 무엇일까?

그들은 사회적 트렌드의 변화, 신기술, 신소재 개발 변화, 고객 욕구의 다양화 분석, 정보통신기술의 발달 동향 분석, 동종업체 간의 경쟁 분석 등에 주력해야 한다.

중간관리층의 대내외적 관계망(도표 67)

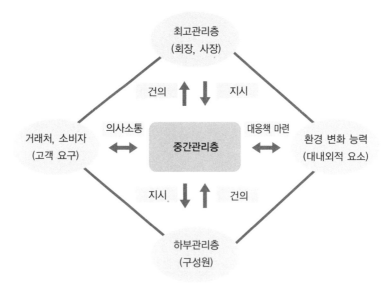

이런 중요 과업을 수행하기 위한 중간관리층에게 필요한 자격(도표 68)은 무엇일까?

첫째, 중간관리층은 풍부한 경험과 전문성이 요구된다.

의사가 명의로서 인정을 받으려면 풍부한 경험과 전문성이 요구된다. 그래야만 완치율을 높일 수 있다.

돌팔이 무면허 의사에게 질병 치료를 맡기다가는 오히려 악화시킬 수 있다. 경력직 사원이나 전문직 인력을 선발하여 충원하는 것도 바로 이러한 이유 때문이다.

예를 들어 중간관리층(국·과장)이 주택정책을 잘 추진하려면

중간관리층의 4대 필수 능력(도표 68)

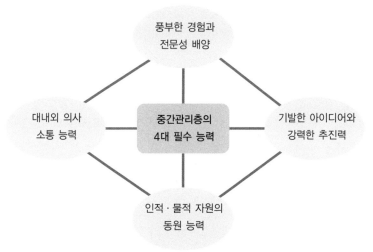

그와 관련 분야에 대한 풍부한 경험과 전문성이 있어야 한다. 국토 계획 및 이용에 관한 법률, 주택법, 건축법 등은 물론 주택시장의 수급 그리고 안전관리정책, 건축설계나 시공 지식 등에 관한 업무 경험과 전문성을 갖추고 있어야 한다.

따라서 중간관리층은 관련 분야의 경력과 전문성이 있어야 중간관리자의 역할을 감당해 낼 수 있다.

의사나 건축사는 관련 분야의 공부를 하고 또 자격시험을 거쳐야 한다. 그리고 의료 분야의 경우는 5~10년 근무를 해야 한다. 이와 같은 경험과 전문성을 갖추어야 의사나 건축사가 될 수 있다. 하지만 친인척 특혜 채용, 비공식 특별 승진, 고용 세습, 면허나 자격증 남발 등이 있는 경우 해당 분야에서 경험과 전문성을 갖추지 못한 경우가 많이 있다.

둘째, 중간관리층은 기발한 아이디어와 추진력이 있어야 한다.

중간관리층의 핵심 역할인 상하 간 조정에 성공하려면 무엇보다 그 해법을 찾아내야 한다. 그러나 쉬운 일은 아니다. 그 해결 방법은 아이디어에서 찾을 수 있다. 그렇다면 아이디어를 어디서, 어떻게 찾아낼 수 있을까?

아이디어의 원천은 다양하다. 세상 만물은 아이디어의 창고이다. 그 중에 대표적인 아이디어의 원천은 영감이나 예지, 생체모방기술, 우연한 발견, 벤치마킹, 우연한 사건사고, 역발상의 사고 등이다.

그러나 아이디어를 착안하려면 어느 경우든 문제의식이 전제되어야 한다. 누구든지 무엇을 만나든 보든 만지든 듣거나 느끼거나 간에 무엇이 문제이고, 그 해법은 무엇이며, 어디에서 찾는지, 알 때까지 계속하기 등을 해 보면 된다.

그렇지만 아이디어의 발굴과 시행은 그리 쉬운 일이 아니다. 알다시피 대단위 공공정책을 수행할 때는 이해관계자 간에 갈등이 많이 일어난다.

여기서 경험적 아이디어를 몇 가지 들어보자.

① 갈등 조정 방법으로 보상이나 기부체납을 하는 경우
② 진실한 실태조사를 통해 가짜 정보 등 오해를 해소하는 경우
③ SOC 등 지역 숙원사업을 해결하여 완충시켜 주는 경우
④ 공장 등을 집단 이전하거나 주민의 주택단지를 이전하는 경우
⑤ 주민의 의결을 들어 필요한 문화복지 시설을 지어 주는 경우
⑥ 민간기업의 경우 주민 취업, 장학금 또는 보조금 등을 지원하는 경우 등이 그것이다.

하지만 이해관계자들의 의혹 제기가 자칫 악화시킬 수도 있으므로 무엇보다 상호 협상 과정에서 투명성과 객관성이 담보되어야 한다. 필요한 경우는 주민투표나 공청회, 설명회, 노조 찬반투쟁 등도 생각할 수 있다.

셋째, 인적·물적 자원의 동원 능력이 배양돼야 한다.

중간관리층이 문제의 해결사가 되기 위해서는 팔방미인이 되어야 한다. 조직의 목표 달성이나 현안 문제들을 해결하는 데는 무엇보다 각종 자원이 필요한 경우가 많다.

전문가 등 인적자원은 물론 예산 등 물적자원도 필요하다. 중재나 협상이 완료되어도 법률적 문제가 생기거나 예산, 법률, 지식, 경험 등 정보자원 등이 확보되지 않으면 실효성을 거둘 수 없기 때문이다.

물론 자원 동원 능력은 최고관리층의 역할이기도 하지만 오랜 직무 경험과 현장에서 체득한 전문지식을 갖춘 중간관리층의 인적·물적 네트워크, 조언 등은 매우 큰 역할의 위치이다. 따라서 박학다식하고 만능해결사라는 별명을 들어야 한다.

인재자원 확보, 재원조달, 시장동향분석, 기술과 소재 정보 획득 그리고 예측, 인허가 문제, 법적 분쟁 해결, 조세 분쟁 문제 등 수두룩하다.

의사가 환자를 수술해야 하는데 만일 마취제가 동이 나면 수술을 할 수가 없다. 이것처럼 중간관리층이 필수적인 인적·물적·정보 자원 조달 능력이 취약하면 업무 수행에 큰 차질이 생기게 된다.

넷째, 중간관리층은 의사소통 능력이 있어야 한다.

중간관리층의 역할은 조직을 둘러싼 관련 정보를 수집하여 재배분해야 하기 때문에 업무처리 과정에서 수직적·수평적 의사소통 능력이 있어야 한다. 상의하달과 하의상달은 필수적이기 때문이다.

사실 공사 조직을 불문하고 부서 간·상하 간·거래처와 소비자 간의 갈등을 예방·해소해 생산성을 올리는 데는 원활한 의사소통이 필수적이다. 구성원들 간의 의사소통이 원활할 때 대내외적 주요 정보의 수집과 배분, 애로사항 청취와 대안 마련 등도 손쉬워진다.

다음은 중간관리층의 역할이다.

① 상사의 불법부당한 지시에 대하여 견제할 수 있어야 하고, 하부관리층에 대하여는 그들의 애로사항을 수렴하여 풀어주어야 한다.

먼저 대내외적 소통이 필요한 부분은 제품의 수급관리, 원자재 구매, 제품 품질과 가격 결정, 제품 디자인 개선, 제품 시장동향 분석, 수출입 동향 분석, 금융시장의 움직임, 종사원의 아이디어 발굴, 원가절감 방안, 생산성 향상 방안, 재고물품 활용 방안 등 매우 다양하다.

② 또한 대외적인 소통도 중요한 역할이다. 경쟁사의 동종 제품에 대한 성능이나 품질, 가격 등을 알아보고 그로부터 유용한 것을 벤치마킹 할 줄 알아야 한다.

③ 정책이나 업무 추진 과정에서 대기관 업무도 중요하다.

법령, 정책, 세제, 인허가 또는 법령 등에 대한 정보 수집도 긴요하다. 이와 같이 중간관리층의 정보 수집과 분석은 조직의 성패를 좌우할 수 있다.

④ 공공기관의 국·과장급이나 민간기업의 본부장, 부장, 차장 등은 주어진 업무 수행뿐만 아니라 경제난, 과로난, 승진난, 실직난 등으로 스트레스가 이만저만 아니다. 중간관리층은 대부분 30대 중반에서 50대 초반까지 폭넓게 퍼져 있다.

현명한 최고관리층은 정기적으로 워크숍, 간담회 등을 통해 중간관리층의 애로사항이 무엇인지를 청취하여 이를 잘 챙겨보고 해소해 주어야 동맥경화 현상이 발생하지 아니한다.

03

혁신 인재의 자격 조건은?

　오늘날 세계 각 나라의 모든 영역에서 제4차 산업혁명이 매우 빠른 속도로 진행되고 있다. 정부 정책이나 기업 경영은 물론이고 단체나 개인의 업무 영역에서도 제4차 산업혁명의 경쟁 대열에서 뒤처지지 않고 살아남기 위해 무한경쟁을 하고 있다.

　이러한 무한 산업혁명시대의 경쟁 대열에서 생존하기 위해서는 무엇보다 창조적 혁신 인재들의 역할이 매우 중요하다. 혁신 과제를 감당해야 할 사람은 풍부한 경험을 갖춘 관련 분야의 전문가 역할이기 때문이다.

　먼저 공사 부문을 막론하고 혁신 과정의 목표는 무엇보다 인적·물적 경쟁력을 높이는 일이다. 즉 조직 경쟁력, 인재 경쟁력, 아이템 경쟁력, 인건비 경쟁력, 기술 경쟁력, 품질 경쟁력, 디자인 경쟁력, 가성비 경쟁력, 가심비 경쟁력 등이다.

따라서 제4차 산업사회 경쟁력을 확보하기 위해서는 혁신 인재의 등용과 이들을 통한 창의적 아이디어를 많이 유도해 내야만 한다.

여기서 혁신성의 범주에는 기존의 문제를 혁파하고 새로운 창조적 아이디어를 통한 방안 수립·시행이 경쟁력을 향상시킬 수 있는 에너지이다.

그렇다면 혁신 인재의 자격 조건은 무엇일까?

혁신 인재 조건에는 직무개발과 수행에서 유창성, 유통성, 독창성, 정교성이 중요하다. 또한 양적인 확장성이 있어야 하고 질적인 정교성도 확보되어야 한다.

그렇다면 혁신 인재를 어떻게 구할 수 있을까? 혁신 인재는 대체로 세 가지 창조적 요소에 대한 깊은 성찰이 요구된다.

① 과학, 기술, 법칙, 정보, 지식, 경험 등 이성적인 요소

② 꿈, 이상, 초합리성, 야망, 상상 등 감수성 및 감성적 요소

③ 여기에 시비, 선악, 미추, 선후 등을 판단할 수 있는 지성까지 갖추어야 한다.

통상적으로 인재란 학식과 능력이 뛰어난 사람이라고 말하지만, 혁신 인재는 그것만으로 충분하지 않다. 혁신 인재의 담론에서는 대체로 이렇게 말한다.

"종전의 구성원들은 현안 문제를 풀지 못했다. 그러나 인재를 영입했더니 기존 방식을 바꿔 새로운 해법을 찾아내어 문제를 풀

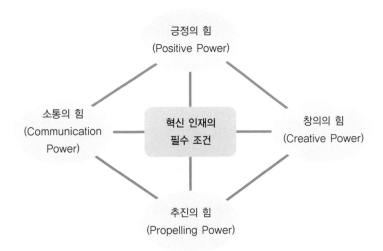

혁신 인재의 필수 조건(도표 69)

긍정의 힘
(Positive Power)

소통의 힘
(Communication
Power)

혁신 인재의
필수 조건

창의의 힘
(Creative Power)

추진의 힘
(Propelling Power)

었다."

결국 혁신 인재의 조건은 네 가지(도표 69, 70)로 정리할 수 있다.

① 긍정의 힘(Positive Power) ② 창의의 힘(Creative Power) ③ 추진
의 힘(Propelling Power)이다. 여기에 충분조건으로 ④ 소통의 힘
(Communication Power)이 필요하다.

그럼 인재의 4대 조건을 'PCPC' 이론으로 다시 설명하겠다.

첫째, 혁신 인재는 긍정의 힘(Positive Power)이 있어야 한다.

혁신 인재의 첫째 요건은 적극성이다. 보통 '긍정의 힘'으로

혁신 인재의 4대 조건(PCPC 이론)(도표 70)

혁신 인재의 4대 조건		내용(예시)	부정적인 요소(예시)
필수조건	긍정의 힘 (Positive Power)	건설적 생각과 판단, 능동적 행동과 지원	힘들다, 돈이 많이 든다, 불가능하다.
	창의의 힘 (Creative Power)	신기하다, 호기심이 크다, 질문이 많다, 문제의식이 필요하다.	관습관례주의, 무사안일주의, 편승심리주의, 연고주의 등
	추진의 힘 (Propelling Power)	구술이 서말이라도 꿰어야 보배이다. 할 수 있다, 실패해도 또 도전한다.	아이디어를 내지만 행동은 소극적이다. 금광에서 채굴이 없으면 금을 캘 수 없다.
충분조건	소통의 힘 (Communication Power)	조직의 수직적·수평적 의사소통이 원만하고 대외적 거래처, 고객과 소통한다.	신기술, 신소재 등 정보에 어둡다, 시장동향, 트렌드 정보에 어둡다.

알려져 있다. 적극성이란 목표 달성이나 문제 해결을 하기 위해 발벗고 능동적으로 나서는 적극적 태도를 갖는 것이다.

인간의 본능은 누구나 어려운 상황을 만나게 되면 우선 뒤로 은근히 빼려 하거나(소극성) 누군가 나서서 대신 해 주기(의타성)를 바란다.

부정적인 사람의 공통점은 비판의 목소리는 매우 크지만 대안은 제시하지 못한다. '힘들다, 돈이 많이 든다, 불가능하다, 쓸데없는 일이다' 등 부정적인 말로 둘러댄다.

하지만 혁신 인재는 '안 되면 되게 하고, 없으면 있게 하고, 싸

우면 이긴다'는 강인한 정신력과 추진력, 열정의 집념이 있어야
한다.

대규모 공사 조직에 근무하는 구성원들은 무사안일한 경우가
많다. 그런데 소속 집단이 큰 이익을 챙길 수 있거나 자신들이 생
색을 낼 수 있는 경우라면 어울리지 않게 적극적으로 나선다.

긍정의 심리학 창시자인 미국 캘리포니아대 마틴 셀리그먼 교
수는 이렇게 말했다.

"기존의 심리학은 불안, 초조, 스트레스 등에 집중했다. 이러한
열거는 정신질환 치료에 관한 것에 불과하다. 인간의 존중은 행복
하게 하는 요소들, 즉 긍정적 가치에 대해 관심을 가져야 한다."

1984년 정주영 현대그룹 회장은 충남 서산의 방조제 공사를 앞
두고 물살이 빨라 물막이 공사를 하는 데 골머리를 앓았다. 이때
정 회장은 대형 폐선을 이용한 공사에 착안해 스웨덴에서 23만
톤의 폐선을 구입해 공사 구간에 가라앉혀 유속을 늦춰 공사를
성공적으로 마쳤다. 여기서 정주영 회장의 긍정 마인드와 창의성
을 엿볼 수 있다. 바로 긍정 마인드이다.

이와 함께 세계적인 석학들의 말을 들어보자.

① 할 수 있는 것도 할 수 없다고 생각한다면 할 수 없게 되고,
   할 수 없는 것도 할 수 있다고 생각한다면 할 수 있게 된
   다.(미야케 세츠레이, 일본의 사상가)[54]

② 승자가 즐겨 쓰는 말은 '다시 한번 해 보자'이고, 패자가 즐

겨 쓰는 말은 '해 봐야 별 수 없다'이다.(탈무드)**55)**

③ 불안과 우울, 스트레스 등 부성의 삼성을 연구하기보다는 강점과 장점, 미덕의 자신감을 갖도록 해야 한다. 건설적·긍정적 가치는 소극적·부정적 요소들보다 인간의 삶을 행복하게 한다.(미국 심리학 교수 마틴 셀리그먼)

둘째, 혁신 인재는 창의의 힘(Creative Power)이 있어야 한다.

관료조직에서는 기득권적 요소가 강하여 창의성을 발휘하기가 쉽지 않다.

그러나 혁신 인재의 건설적인 모습은 대체로 이러하다고 본다.

"뭔가 궁금해하고, 호기심을 가지며, 질문을 자주 한다. 그리고 의문이 해소되지 않으면 자꾸 물어본다. 틀려도 다시 해 보려고 노력한다. 쉽게 포기하지 않는다."

유대인 중에 노벨상 수상자가 많이 나오는 까닭은 바로 창조성이 강하기 때문이다. 오늘날 이스라엘은 세계 제일의 창업국가로 인정받고 있다.

사실 인류 문명의 발전에 기여한 유대인들은 헤아릴 수 없이 많다.

---

54) 미야케 세츠레이의 말 : 할 수 없는 것은 할 수 없다고 생각하고 할 수 없다, naver 검색
55) 탈무드의 명연 : 승자와 패자가 즐겨 쓰는 말, naver 검색

① 상대성이론을 발견한 아인슈타인

② 정신분석학이론을 세운 프로이트

③ 페이스북 CEO 마크 저커버그

이러한 창조성과는 달리 대규모 조직일수록 창의성을 억누르는 요소들이 많다. 목표 달성이나 문제 해결은 그냥 공짜로 이루어지지 않는다. 목표 달성은 힘들어 보이고 문제 해결은 어렵다는 생각이 든다. 부정적 사고, 소극적 생각, 관례답습주의, 무사안일주의, 비성과주의, 연고주의 등이 이에 해당한다. 공공기관의 신분보장제도가 오히려 무사안일을 조장하고 있다.

기업 경영진도 계획된 목표보다 영업 실적이 부진하다면 관련 경영진이 책임을 져야 한다. 그렇지만 최고경영진들이 오너 패밀리로 구성되어 있거나 강성노조가 반발을 하는 경우는 문책도 못하고 넘어간다.

여기서 세계적인 석학들의 창의성에 관한 말을 들어 보겠다.

① 인간은 욕망을 잃어서는 안 된다. 욕망은 창의성, 사랑 그리고 장수를 촉진하는 강력한 강장제이다.(알렉산더 A, 보고몰레츠)[56]

② 문제는 어떻게 새롭고 혁신적인 생각을 하느냐가 아니라 어떻

---

[56] 알렉산더 A 보고몰레츠 : 인간은 욕망은 잃어서는 안 된다, 영어 명언, naver 검색

게 오래된 생각을 비워 내느냐는 것이다. 모든 사람의 머릿속에는 케케묵은 가루로 가득한 건물과 같다. 한쪽 구석을 비워 낸다면 창의성이 즉시 그 자리를 메울 것이다.(비자카드 창업주 디훅)**57)**

③ 창의성은 거의 모든 문제를 해결할 수 있다. 독창성으로 습관을 깨어 버리는 창의적 행동으로 모든 일을 극복할 수 있다.(디자이너 조지 루이스)

셋째, 혁신 인재는 추진의 힘(Propelling Power)이 있어야 한다.

목표를 달성하거나 문제를 해결하는 데는 결코 공짜로 이루어지지 않는다. 설사 기발하고 신통한 아이디어가 발굴됐어도 그것이 구현되지 못하면 아무 소용이 없다.

'구슬이 서말이라도 꿰어야 보배이다.'

'금광을 발견했어도 채굴하지 못하면 쓸모가 없다.'

따라서 아무리 아이디어가 창의적이라도 그것이 활용될 때 가치가 있다는 것이다. 그냥 방치하면 장롱 속 아이디어로 잠잘 수 있기 때문이다.

추진력이란 문제 해결로 고안된 해법을 실행해 나가는 에너지를 말한다. 자동차에서 추진력이 있으려면 엔진과 바퀴 그리고

---

57) 모든 사람의 머릿속에는 케케묵은 : 오늘의 명언 디훅, naver 검색

휘발유가 있어야 한다. 창조적 인재가 추진력을 갖추려면 '해야 한다', '할 수 있다'와 같은 강한 열정과 함께 그 의지가 작동할 수 있도록 풍부한 정보, 경험과 전문지식이 융복합되어야 한다.

모름지기 혁신적 인재로 성공하려면 실패해도 감내할 줄 알아야 하고 그것을 경험 자산으로 축적해 가야 한다.

여기서 최고관리자가 추진력을 갖추지 못한다면 무능한 지도자로 낙인찍히기 쉽다. 이것은 영업용 운전자가 교통사고를 자주 내면 승객이나 경영주는 그 기사에게 신뢰를 보내지 않을 것이다.

이처럼 최고관리자는 누군가 창의적인 아이디어를 창안했다면 이것이 실현될 수 있도록 지식, 경험, 정보, 재원 등을 지원하여 추진력으로 작동할 수 있도록 밀어주어야 한다.

세계적 석학들의 추진력에 대한 말을 들어보자.[58]

① 노력은 수단이 아니라 그 자체가 목적이다. 노력하는 것 자체에 보람을 느낀다면 누구든지 인생의 마지막 시점에 미소를 지을 수 있다.(소설가 톨스토이)

② 37년간 하루 14시간씩 꾸준히 연습했는데 그들은 나를 천재라고 부른다.(음악가 사라사테)

③ 나는 어떤 일을 시작하든 반드시 된다는 확신 90%에 되게

---

[58] 노력은 수단이 아니라 그 자체가 목적이다 : 추진적 명언 동기부여 멘토 명언, naver 검색

할 수 있다는 자신감 10%로 완벽한 100%를 채우지, 안 될 수도 있다는 회의나 불안은 단 1%도 끼워 넣지 않는다.(현대 그룹 정주영 전 회장)

그렇다면 조직사회의 구성원 중 혁신 인재는 얼마나 될까?

창조적 혁신 인재의 필수조건을 갖춘 자는 대체로 100명 중 12명 (도표 71) 내외이다. 통상의 조직에서는 구성원 중 12% 내외에 불과하다.

그럼 인재 비율을 높이는 방법은 없을까? 그러나 다음과 같은 인재 관리 계획을 수립하여 시행하면 그 비율을 크게 올릴 수 있다.

① 지식, 경험, 정보 등에 대한 교육

② 긍정, 창의, 추진력에 대한 의식 강화

③ 고과성적, 업무실적에 따른 인사관리

④ 외부 인재 영입 등으로 혁신 인재의 비율을 높이는 것 등이다.

넷째, 혁신 인재는 소통의 힘(Communication Power)이 있어야 한다.

혁신 인재의 필수조건은 적극성, 창의성, 추진력이다. 그러나 현대 산업사회에서는 조직구성원이 복잡해지고 분야가 다양해지며 가치가 분화되어 가고 있다. 따라서 목표 달성이나 문제를 해결하기 위해서는 무엇보다 소통 능력이 요구된다.

사실 아무리 뛰어난 혁신적 인재라 할지라도 혼자의 경험, 지식,

혁신 인재의 구성 비율(도표 71)

조직구성원	필수조건			충분조건
	적극성	창의성	추진력	인재 비율
100명	50명 (구성원 중 50%)	25명 (적극성 인사 중 50%)	12.5명 (창의적 인사 중 50%)	3개 조건을 모두 갖춘 자 100명 중 12.5명

조직구성원이 100명 있다.
적극성을 가진 자는 50명(50%) 정도다.
적극성에 창의성을 가진 자는 25명(50%) 정도다.
적극성에 창의성 그리고 추진력까지 겸비한 자는 12.5명이다.
따라서 100명 중 인재의 세 가지 인성 조건을 모두 갖춘 자는 10명 내외이다.

정보, 재간 등으로는 확장성을 기대할 수 없다. 종합적인 아이디
어들이 발현되고 옳고 그름에 대한 토론을 통해 혁신 대안을 마
련하면 의외로 큰 성과를 거둘 수 있다.

왜냐하면 전문지식을 구하고 다방면의 경험을 공유하며 특히
성공과 실패의 교훈을 주고받다가 보면 각종 지혜와 교훈을 얻을
수 있기 때문이다. 이런 의미에서 소통성은 혁신 인재가 반드시
갖추어야 할 필수조건에 해당한다.

도로 교통이 막히면 사회적 손실이 커진다. 이것처럼 사람들간
의 불통으로 상호 의견이 가로막히게 되면 갈등이 커지고 효율성
도 떨어지게 된다.

여기서 사람들의 의사소통에 관한 명언을 몇 가지 들어보자.[59]

① 인간에게 가장 중요한 능력은 자기표현력이며 현대의 경영이나 관리는 커뮤니케이션에 의해 좌우된다.(미국의 경영학자 피터 드러커)

② 우리에게 두 귀와 하나의 혀가 있는 것은 더 많이 듣고 적게 말하라는 뜻이다.(고대 그리스 철학자 디오게네스)

③ 깊이 듣고 다정하게 말하는 것이 커뮤니케이션의 기술이다. 다정하게 말하는 것에는 돈이 들지 않는다.(베트남 속담)

여하튼 혁신 인재가 제대로 능력을 발휘하려면 대내적 구성원은 물론 거래처, 소비자, 전문가 등 대내외적 의사소통이 원활해져야 한다.

---

59) 소통의 명언 : 의사소통 명언 7가지 빛과 소금, naver 검색

04

승자가 패자로 패자가 승자로
뒤바뀌는 이유는?

세상 만물은 모두 변한다. 생명체는 생로병사를 거치면서 변한다. 여름이 지나가면 겨울이 오고 또 겨울이 지나가면 여름이 온다.

양지가 지나면 음지가 되고 음지가 지나면 양지가 된다. 바위나 돌 등 무생물은 부서지고 흙과 모래는 합쳐져 그 모양과 성질이 변한다.

얼음과 눈이 녹으면 물이 되고 물이 얼면 얼음과 눈이 된다.

이러한 현상은 자연의 순환 법칙이다.

인간의 생태계도 자연계처럼 항상 변화하고 있다.

인간의 본성에는 탐욕으로 가득차 있다.

사람들은 성공을 하면 영원히 승자인 줄로 착각한다. 인간이 성공에 도취되어 거만하고 자만한다. 따라서 승자는 성공의 덫에 걸려들기 쉽다.

세계 마라톤 챔피언은 그 자리를 지키기보다 올라서기가 쉽다고 한다.

정부 정책이나 기업 경영에서 영원한 승자도 패자도 없다. 승자는 자신이 불러들인 성공의 덫에 걸리기 때문이다.

반면에 패자는 실패에서 자신이 잡은 기회의 창을 통해 다시 올라설 수 있다. 따라서 승자와 패자는 언제든지 바뀔 수 있다.

성공했다고 자만해서는 아니 되며 실패한 자라도 낙담을 해서는 아니 된다.

그래야만 성공한 기업가는 장수기업으로 발전할 수 있고, 실패한 기업은 또다시 재기할 수 있다.

여기서 승자가 패자로 전락한 과정과 패자가 승자로 재기하는 과정을 알아보자.

세계 100대 기업 중 매년 탈락하는 기업이 있는가 하면 반대로 새로이 진입하는 기업도 있다.

다음에는 승자가 패자로 또는 패자가 승자로 바뀌는 이유를 설명해 보겠다.

이러한 상황을 유력하게 해명하는 이론은 대체로 세 가지가 있다. ① 성공의 덫 ② 위기의 창 ③ 승자의 저주가 그것이다.

첫째, 성공의 덫(success trap)이다.
① 대체로 성공한 사람은 자신이 이룩한 성공 방식이나 기술을

믿으려 한다. 소위 확증편향(confirmation bias)에 빠지기 때문이다.

다른 사람이 "이제 그 방식은 더이상 먹혀들지 않는다"며 바꾸라고 해도 그것을 받아들이려 하지 않는다.

그러나 성공 방식은 경영 환경이 변하면 방식도 바꿔야 한다. 사실 시대나 장소에 따라 제도, 경향, 유행, 기술, 원료, 디자인 등도 변한다.

② 따라서 과거에 자신이 성취한 성공 방식에 대하여 더이상 확증편향에 빠져서는 아니 된다.

거만해지고 분에 넘치게 파티를 즐긴다. 예를 들면 무리한 사업 확장, 생산을 초과하는 과잉 선심, 사회적 감투에 빠진다.

이런 요인으로 점점 성공의 덫에 빠진다.

여기서 세계적 명문 기업이 성공의 덫에 걸려든 사례(도표 72)를 살펴보겠다.

둘째, 기회의 창(a window of opportunity)이다.

사람들은 성공의 기회가 가까이 와 있는데도 그것을 놓친다. 그 기회를 알지 못하거나 소홀히 다루거나 심지어 배척을 한다.

① 누구나 기회의 창을 보고 기회를 잡아 잘 활용할 수 있다면 성공할 확률이 높다. 그러나 많은 사람들은 눈앞에 있는 성공의 기회를 놓치고 만다. 나중에야 '그 기회가 참 좋았는데'

성공의 덫에 걸린 사례들(도표 72)

사례	내용
영국 유통기업 TESCO 부실	영국 TESCO는 세계적 3대 유통 업체였으나 기존 영업전략을 고집하다가 결국 성공의 덫에 걸려들었다. ① TESCO는 경영전략을 매장 확충과 품목을 다양화하는 등 양적 확대에 치중하였다. ② 반면에 경쟁사들은 품목 수는 적지만 값을 싸게 파는 영업전략으로 대응하였다. ③ TESCO는 소비자 구매 패턴의 변화를 무시하다가 결국 매출액이 뚝 떨어져 부실화되었다.
핀란드 노키아 부실	핀란드 노키아는 세계 최대의 휴대폰 제조업체이다. 그러나 첨단기술 개발을 소홀히 하였다가 성공의 덫에 걸려들었다. ① 휴대폰 시장점유율 1위를 유지하기 위해 신기술의 개발 투자보다는 기존 제품의 양적 확대에 집착했다. ② 반면에 한국, 일본 등 경쟁 가전업체는 신기술 개발로 3G, 4G 등으로 첨단제품을 내놓았다. ③ 결국 노키아는 휴대폰 세계 시장점유율 1위 기업이라는 성공의 덫에 걸려 무너졌다.
일본 (주)코닥필름 부실	(주)코닥필름은 전 세계 필름카메라 시장에서 선두주자였다. 그러나 카메라 시장의 판도 변화(Game change) 현상을 제대로 읽지 못하여 결국 망가졌다. ① 코닥은 먼저 디지털 카메라를 발명하였다. 그러나 필름카메라 시장에서 독과점의 이득을 계속 누리려고 디지털 카메라 출시를 멈췄다. ② 코닥 경영진이 디지털 카메라의 출시를 늦추자 다른 경쟁사들이 서둘러 디지털 카메라를 개발하여 먼저 출시해 버렸다. 디지털 카메라는 빠른 속도로 필름시장을 잠식했다. ③ 결국 (주)코닥필름은 성공의 덫에 걸려 부실화되었다.

하면서 후회를 한다.

② "장고 끝에 악수를 둔다"는 말도 있다. 기회의 창을 보았으나 최악의 선택을 하여 도리어 패자로 전락하는 경우이다. 이러한 것을 기회의 창을 놓쳤다고 한다.

③ '기회의 창' 이론은 경영이나 정책에 실패한 자도 기회의 찬스를 잘 활용하면 성공할 수 있다.

여기서 기회의 창에 관한 사례(도표 73)를 살펴보자.

기회의 창 사례들(도표 73)

사례	내용
미국 미네소타 광물제조업체 성공 사례	① 이 업체는 원래 미네소타의 커런덤(Corundum) 업체로 강옥(루비 원석)을 만드는 광물 제조업체였다. 그러나 사업이 신통치 않아 폐업할 위기에 처했다. ② 위기를 느낀 경영진은 직원들에게 이렇게 제안했다. "뭔가 돈을 벌 수 있는 것을 찾든지 새로운 사업을 찾아보라." 종업원 중에서 누군가 새로운 사업 아이템을 건의했다. 광물 제조와는 아무 관련이 없는 종목이다. 이것이 연마제 '방수 샌드 페이퍼'이다. 생산 품목을 바꿔 성공한 이 광물 제조업체가 오늘날 미국 3M사의 전신이다.
미국 한국 화이저 비아그라 성공 사례	① 미국 화이자 제약회사는 임상실험으로 심장병 치료 신약 개발하고 있었다. 그러나 개발 중인 제품이 심장병 치료 효과는 미비하고 그 부작용으로 성기능이 강화되는 것이었다. ② 여기서 화이자의 경영진은 신약의 개발 목표를 바꾸기로 했다. 이것이 성기능 강화제 비아그라의 탄생이다. 경영진은 기회의 창을 잡아 오히려 회사를 위해 더 큰 성과를 냈다.

셋째, 승자의 저주(Winner's Curse)이다.

승자의 저주란 어떤 경쟁에서는 이겼지만 승리를 위해 소요된 비용과 희생 등으로 결국 위기에 몰리거나 그로 인한 후유증에 시달리는 것을 말한다. 전투에서는 이겼으나 전쟁에서 진 것이다. 이를 승자의 재앙이라고도 부른다.

미국 종합석유회사 애틀란틱 리치필드(Atlantic Richfield Company)에 근무하던 카펜(E. C. Carpen) 등이 발표한 논문(1971년)에서 처음 등장하였다.

승자의 저주는 대체로 이러한 과정을 밟는다.

① 경쟁 건설업체인 A사와 B사가 함께 건설업체 C사 인수전에 뛰어들었다. 인수 방식은 최고가 경쟁입찰이었다. 고액을 써낸 A사가 C사를 인수하는데 성공했다.

② 그러나 A사는 인수자금을 조달하기 위해 과도한 부채를 지는 바람에 상환 압박 등 경영이 어려워졌다.

③ 결국 A사는 자금 조달 등 경영난을 타개하기 위해 어쩔 수 없이 C사를 다시 헐값에 매각하였다.

여기서 승자의 저주 사례(도표 74)를 더 살펴보자.

다음에는 승자가 패자로 몰락하는 구체적인 과정이 어떠한가를 알아보자.

안경렌즈 제조업체 A사장의 예를 들어 보겠다.

승자의 저주 사례들(도표 74)

사례	내용
미국 석유업체의 사례	① 미국 석유업체 A사는 멕시코만의 석유 시추를 따내기 위해 공개 입찰에 참여했다. 이 공개 입찰에 많은 석유 기업들이 참여하여 경쟁이 치열하였다. ② A사는 무리하게 고액의 입찰가(2,000만 달러)를 써냈다. ③ A사는 낙찰을 받았다. 그러나 정밀분석을 해 보니 석유 매장량은 1,000만 달러에 불과하였다. A사 경영진이 정확한 매장량 분석도 없이 기대치를 높인 욕심 때 문이다. 결국 1,000만 달러 손해를 봤다.
한국 웅진그룹의 사례	① 웅진그룹은 웅진출판사, 웅진코웨이 등 거대기업으로 발전하며 재계 10위까지 올라섰다. 이에 경영진은 웅진홀딩스사를 세워 사 업을 확장해 갔다. 태양광 발전소 출범, 극동건설 등등. ② 그러나 경제 위기가 닥치자 예상은 빗나갔다. 웅진그룹은 자금 압 박에 시달렸다. 극동건설이 법정관리에 들어갔고 웅진코웨이, 웅 진식품 등을 팔았다. ③ 그러나 웅진그룹의 다른 계열사(웅진싱크빅, 웅진출판) 등의 사업 이 잘 되어 또다시 웅진코웨이를 인수했다. 그러나 막대한 채무를 지고 인수하는 바람에 또다시 웅진코웨이를 되팔아야 했다.

〈첫 번째 단계〉

안경렌즈 제조에 관한 신소재 기술을 개발하여 특허등록을 받
았다.

① A사장이 개발한 신소재 첨단 렌즈의 두께는 종전보다 30%

줄고 무게도 30% 정도 가벼워서 착용감이 좋다.

② 신소재 첨단 렌즈는 내구성이 뛰어나 떨어트려도 잘 깨지지

않는다.

③ 렌즈 표면에 흠집이 잘 나지 않고 투명도가 매우 뛰어나다.

〈두 번째 단계〉

안경렌즈 시장에서 시장점유율 1위로 올라섰다.

④ 안경 시장에 이 첨단 렌즈가 출시되자 놀라운 변화가 일어
났다. 렌즈 시장에 출하 후 3년이 지나자 시장점유율 1위로
올라섰다. A사장은 렌즈업계에서 유명해졌고, 각종 상도 받
았다.

〈세 번째 단계〉

A사장의 몸집이 커지면서 성공의 덫에 걸려들었다.

하지만 A사장은 자주 파티를 열고 유명세를 더 타게 되었다.

⑤ A사장은 시장점유율이 1위로 올라섰다. TV 등 방송에 출연
하고 대학 특강도 다니며 사회적 감투를 맡았다. 심지어 정
치권에 후원금을 제공하고 복지사업에 손을 댔다.

⑥ A사장은 렌즈공장을 확장해야 한다며 공장 부지를 사들였다.
그러면서 국내 최대 렌즈공장을 짓는다며 거드름을 피웠다.

〈네 번째 단계〉

A사장은 갈수록 사세 확장을 한다며 외부 활동도 늘렸다.

⑦ A사장은 외부 활동에 시간을 빼앗기면서 신기술 투자는 소홀히 했다. 또한 안경렌즈 개발에 대단한 경험과 노하우가 있는 인재들이 다른 회사로 이직했다.(기술혁신 소홀)

⑧ 그러면서 A사장의 시간은 사회적 명예를 얻는 활동에 시간을 빼앗겼다. 경영은 임직원들에게 맡겼다. 안경제조업에 대한 열정도 식어 갔다.

〈다섯 번째 단계〉

그때 기술투자에 힘쓴 후발 경쟁업체 B사가 A사를 추월하기 시작했다.

⑨ 후발 경쟁자인 B사는 기술투자를 늘려 최첨단 렌즈에 쓸 첨단 신소재 렌즈를 개발하는 데 성공하였다.

⑩ B사의 신소재를 사용한 최첨단 렌즈는 내구성·투명성·경량성에서 훨씬 뛰어났다. B사의 최첨단 렌즈는 A사의 동급 렌즈에 비해 경쟁력이 훨씬 좋아졌다. 가성비와 가심비가 우월했다.

〈여섯 번째 단계〉

결국 A사는 소위 승자의 덫에 걸려들어 기업 운영이 부실화해졌다.

⑪ B사의 최첨단 제품이 출시된 지 2년 만에 시장점유율에서

A사 제품을 추월하였다. 결국 A사의 시장점유율은 크게 추락하였고 자금 사정도 어려워져 갔다.

⑫ 설상가상 탈세로 인한 고액의 세금 추징까지 당했다. A사장은 은행빚 상환이 어려워지자 신용도가 추락했다. 공장 신축도 중단되었고, 노조는 처우개선을 요구하며 파업을 하였다.

결국 A사장은 승자의 덫에 걸려 버린 것이다. 한때 승자였던 자가 함정에 빠져 패자가 된 것이다.

승자와 패자의 순환 과정

창조경영
- 기술개발   ■ 혁신 경영
- 경제원리   ■ R&D 투자

↑ 진화

승자(예시)
- 기술 등 독과점
- 고기술 일류기업
- 고수익   ■ 시장지배력

패자의
부활

성공의 덫

승자와 패자의
순화구도

기회의
창 포착

위기
초래

패자의
눈물

패자(예시)
- 경쟁력 급락
- 삼류기업 추락
- 적자로 반전
- 구조조정 불가피

승자의
저주

↓ 퇴화

법정관리
M&A
파산신청 등

창조적
아이디어가
세상을
바꾼다